Persönliche Stärke ist kein Zufall

Friedbert Gay hat das persolog® Persönlichkeits-Profil 1990 in Deutschland eingeführt. Als Mastertrainer und Geschäftsführer der persolog GmbH hält Friedbert Gay regelmäßig Seminare und Vorträge zur Persönlichkeits- und Organisationsentwicklung. Die persolog GmbH ist Spezialist für Konzepte, Systeme und Instrumente der Organisations- und Persönlichkeitsentwicklung.

www.persolog.com

Persönliche Stärke ist kein Zufall

Das persolog® Persönlichkeits-Profil für engagierte Christen

Mit dem original Fragebogen zur Selbstauswertung

Friedbert Gay

persolog

4. Auflage, Mai 2017

persolog GmbH Verlag für Lerninstrumente
Königsbacher Str. 51, 75196 Remchingen
Tel.: + 49 (0) 72 32.36 99-0, Fax: + 49 (0) 72 32.36 99-44
www.persolog.com

Redaktion, Satz: persolog GmbH
Umschlaggestaltung: Agentur Buttgereit und Heidenreich, Haltern am See
Druck und Bindung: Druckhaus Diesbach, Weinheim

ISBN 978-3-9811799-1-0

Inhalt

Friedbert Gay
Persönliche Stärke ist kein Zufall

Friedbert Gay

Unser Erfolg hängt wesentlich davon ab, ob wir unsere Stärken optimal entwickeln und einsetzen können. Unter „erfolgreich sein" verstehen wir nicht in erster Linie Wohlstand, Reichtum oder Schönheit – sondern die Fähigkeit, mit unterschiedlichsten Menschen und Situationen so umgehen zu können, dass es der Situation und den Menschen, mit denen wir es zu tun haben, gerecht wird. Ob Zuhause, bei der Arbeit oder in der Gemeinde, überall stehen wir in Beziehungen, die es zu „leben" und zu „gestalten" gilt. Um diese Beziehungen geht es in dem Ihnen vorliegenden Buch. Wie können wir die Beziehungen so gestalten, dass dies besser gelingt?

Mit dem im vorliegenden Buch integrierten persolog® Persönlichkeits-Profil durchstreifen Sie lebenswichtige Bereiche, die Sie systematisch entwickeln können. Dies bezieht sich nicht nur auf unseren Umgang mit anderen Menschen, sondern gerade auch auf unseren Umgang mit uns selbst.

Mit dem persolog® Persönlichkeits-Profil werden Sie:
- eine Selbstanalyse Ihres Verhaltens in einer von Ihnen gewählten Situation durchführen;
- Ihre Stärken entdecken;
- feststellen, wo Sie zu Schwächen neigen;
- erkennen, wo Konfliktpotenzial vorhanden ist;
- die 20 verschiedenen Verhaltensmuster kennen lernen;

- anhand vieler Fallbeispiele aus dem Gemeindeleben erkennen, welche Auswirkungen Verhaltenweisen haben können.

Gerade das Gemeindeleben mit seiner Vielfältigkeit bietet eine gute Plattform, das neue Wissen auszuprobieren und sich neue Verhaltensweisen anzueignen. Seit Jahren erleben Menschen, die sich ehrenamtlich in der Gemeinde einsetzen, wie sich diese Erfahrungen dann positiv aufs Privat- und Berufsleben auswirken. Eine gute Vorbereitung für spätere Führungsaufgaben, Hilfe bei der Berufswahl und verbesserte Beziehungen im privaten Umfeld sind nur einige wenige „Nebeneffekte" dieses persönlichen Wachstums.

Wir von persolog® möchten mit dem vorliegenden Buch unseren Beitrag dazu leisten, Ihre Gemeindearbeit besser zu gestalten. So wurde das persolog® Persönlichkeits-Profil für Christen komplett überarbeitet und mit vielen Beispielen aus dem Gemeindealltag angereichert. Umgestellt auf die neueste Generation der D, I, S und G Theorie, wird es Ihnen helfen, Ihre persönlichen Stärken neu zu entdecken.

Wir wünschen Ihnen viel Gewinn beim Durcharbeiten dieses Buches.

Friedbert Gay — Remchingen, im Mai 2017

Kapitel 1
Wunderbar gemacht

Da saß König David nun also in seinem Musikzimmer und kaute an seinem Bleistift. Ein neues Lied wollte er schreiben, über Gott, der ihn geschaffen hatte und so gut über ihn Bescheid wusste wie niemand sonst. „Herr, du durchschaust mich, du kennest mich durch und durch" – ja, das war ein guter Anfang für seinen neuen Psalm. „Ob ich sitze oder stehe – du weißt es, aus der Ferne erkennst du, was ich denke."

Nicht dass David immer nur gute Gedanken gehabt hätte. Er wurde rot, als ihm einfiel, wie er manchmal krumme Wege gegangen war und Menschen hintergangen hatte. Und dass Gott ihm auf die Schliche gekommen war. „Wie könnte ich mich dir entziehen; wohin könnte ich fliehen, ohne dass du mich siehst?" Nein, vor Gott konnte man nicht weglaufen. Aber warum auch? „Eilte ich dorthin, wo die Sonne aufgeht, oder versteckte ich mich im äußersten Westen, wo sie untergeht, dann würdest du auch dort mich führen und nicht mehr loslassen."

David dachte nach. Wunderbar war er ganz gewiss nicht. „Gott, du hast mich ziemlich mittelmäßig geschaffen – manchmal kann ich mich selbst nicht ausstehen." Aber stimmte das wirklich? Lag es an Gott, dass er sein Leben manchmal nicht in den Griff bekam? Und hatte Gott ihm etwa seine Liebe entzogen, damals, als er Uria die Frau weggenommen hatte? Das war doch seine eigene Schuld gewesen. Und dennoch hatte Gott ihn nicht fallen lassen. Nein, trotz alledem: „Ich danke dir dafür, dass ich wunderbar gemacht bin; wunderbar sind deine Werke; das erkennt meine Seele."

Oder doch nur Mittelmaß?

Eigene Stärken entdecken – sich selbst besser kennen lernen

Viele von uns hätten wohl auch Hemmungen, solch einen Satz zu schreiben: „Ich danke dir, dass ich wunderbar gemacht bin." Ja, natürlich: Wir gehören zu Gottes guter Schöpfung. Aber auf den zweiten Blick finden wir uns selbst gar nicht so wunderbar. Wir sind alles andere als perfekt, manchmal widersprüchlich, manchmal kratzbürstig, manchmal inkonsequent.

Diese Einschätzung ist durchaus realistisch. Und das Schlimmste ist: Diese Widersprüchlichkeit, Kratzbürstigkeit und Inkonsequenz entdecken wir nicht nur in uns selbst, sondern auch bei anderen, bei Menschen, mit denen wir unser Leben teilen oder mit denen wir einfach zurechtkommen müssen.

Die gute Nachricht heißt: Bei dieser Erkenntnis müssen wir nicht stehen bleiben! Schon David wusste: Ganz egal, wo ich bin – Gott ist immer schon da! Er lässt mich nicht hängen. Und weil er mich liebt, kann ich wirklich von mir sagen: Ich bin eine wunderbare Schöpfung Gottes, trotz aller Macken und Unvollkommenheiten.

Und es geht noch weiter: Ich muss auch nicht so bleiben, wie ich bin. Der erste Schritt dazu heißt: Ich kann mich besser kennen lernen, mit meinen Stärken und mit den Bereichen, mit denen ich nicht so gut zurechtkomme. Und dabei begreife ich dann auch, warum ich mit manchen Menschen meistens gut auskomme und mit anderen immer wieder aneinandergerate. Wenn ich das verstanden habe, kann ich Konflikte besser lösen oder von vornherein vermeiden.

Hier kommt D, I, S und G ins Spiel

Und genau dabei will Ihnen dieses Buch helfen. Mit dem persolog® Persönlichkeits-Profil (was das genau ist, erfahren Sie im nächsten Kapitel) kommen Sie Ihrem eigenen Verhalten besser auf die Spur. Natürlich wissen Sie bereits eine ganze Menge über sich selbst. Aber das persolog® Persönlichkeits-Modell hilft Ihnen, dieses Wissen für sich richtig einzuordnen. Wahrscheinlich werden Sie in der Lage sein, Situationen zu durchschauen, mit denen Sie bisher nicht zurechtgekommen sind. Das bedeutet, dass Sie Ihr Verhalten darauf einstellen können.

Vielleicht haben Sie jetzt schon zum Bleistift gegriffen und warten ungeduldig darauf, endlich mit dem „Test" anzufangen. Gut so! Allerdings handelt es sich nicht um einen Psycho-Test, wie Sie ihn zu Hunderten in Zeitschriften finden. Wahrscheinlich kennen Sie diese Art von Tests. Man füllt sie gerne aus, wenn man beim Friseur oder beim Zahnarzt warten muss, vorausgesetzt, es guckt einem niemand über die Schulter. Oben steht das Thema, zum Beispiel: „Kann ich gut auf andere Menschen eingehen?", oder: „Kann ich Herausforderungen mutig begegnen?" Dann müssen Sie eine Reihe von Antworten ankreuzen – und mit ein bisschen Übung bekommen Sie schnell heraus, welche Antworten eine gute Punktzahl garantieren. Und am Ende schauen Sie Ihr Ergebnis nach. Meistens gibt es drei Kategorien: Sie sind ein toller Hecht – Sie sind ziemlich mittelmäßig –, und wer ganz wenig Punkte gesammelt hat, wird als Niete bezeichnet.

Das persolog® Persönlichkeits-Profil ist anders: Keine Gewinner – keine Verlierer

Es ist keine Prüfung

Das Wichtigste zuerst: Es gibt keine guten und keine schlechten Ergebnisse. Deshalb brauchen Sie auch gar nicht darauf zu achten, welche Antworten Sie ankreuzen müssen, um hinterher die meisten Punkte zu sammeln. Punkte werden nämlich nicht verteilt. Stattdessen erfahren Sie etwas über Ihre persönlichen Stärken: Kann ich zum Beispiel Menschen motivieren und begeistern? Arbeite ich gern an Aufgaben, die einen Blick fürs Detail erfordern? Menschen sind verschieden – und in dieser Vielfalt steckt etwas sehr Gutes.

Klasse Typen!?

Wir reagieren je nach Situation unterschiedlich

Kein Mensch verhält sich immer und in allen Situationen gleich. Familie, Beruf und Gemeinde sind ganz verschiedene Lebensbereiche, und Sie haben es überall mit anderen Menschen zu tun. Auf jeden Menschen reagieren wir anders. Mit manchen verstehen wir uns blind, anderen möchten wir möglichst gar nicht erst über den Weg laufen. Außerdem ist es ein Unterschied, ob wir gerade ausgeschlafen oder müde sind, unter Zeitdruck stehen oder entspannt an ein Gespräch herangehen können. Darum ist es unmöglich, sich auf einen Verhaltensstil festzulegen. Unsere Persönlichkeit ist nicht aus Beton gegossen, fest und unveränderlich. Halten Sie sich deshalb eine bestimmte Situation vor Augen, wenn Sie den Test ausfüllen. Stellen Sie sich zum Beispiel vor, welches Verhalten Sie in einem Mitarbeiterkreis Ihrer Gemeinde zeigen.

Das persolog® Persönlichkeits-Profil entschuldigt nichts

Entwicklungspotenzial entdecken

Es wäre doch schön, wenn Sie sich nach dem nächsten Streit zurücklehnen und behaupten könnten: „Ich bin eben so. Ich kann nichts dafür. Du musst lernen, mich so zu nehmen, wie ich bin.“ Nur kann Ihr Gegenüber mit dem gleichen Recht dasselbe von sich behaupten. Damit ist niemandem gedient, und so können Sie Konflikte auch nicht aus der Welt schaffen. Es stimmt schon: Es gibt bei diesem Profil keine Punkte und keine Gewinner. Aber das persolog® Persönlichkeits-Profil wird Ihnen dabei helfen, zu erkennen, wo Sie noch an sich arbeiten müssen.

Keine Angst: Das kann zwar schmerzhaft sein, aber Sie werden hinterher besser mit sich umgehen können. Und mit anderen (Menschen) auch!

Gaben ...

Im Neuen Testament lesen wir, dass jeder Christ Geistesgaben von Gott empfängt. Gibt es nun einen Zusammenhang zwischen diesen Gaben und der Persönlichkeitsstruktur? Die Erfahrung zeigt, dass das in vielen Fällen tatsächlich so ist. Schließlich kennt Gott uns schon lange, bevor der Weg unseres persönlichen Glaubens beginnt.

... und Aufgaben

Aus den Gaben erwachsen Aufgaben. Vielleicht sind Sie Gemeindekassierer. Oder Sie stehen hinter dem Büchertisch. Und wenn Sie Ihr persolog® Persönlichkeits-Profil erstellt haben, fragen Sie sich: Passt meine Aufgabe auch zu mir? Sollte ich lieber etwas anderes machen?

Wie Sie Aufgaben erledigen

Es gibt in der Gemeinde (und auch sonst im Leben) viele Aufgaben, an denen man mit ganz verschiedenen Verhaltensstilen „erfolgreich" arbeiten kann. Das persolog® Persönlichkeits-Modell sagt etwas darüber aus, wie Sie solche Aufgaben angehen werden. Und es sagt etwas über Ihre Stärken und Ihre Begrenzungen aus, die Bereiche also, bei denen Sie sich im Zaum halten und manchmal auch etwas sagen lassen müssen. Wenn Sie merken, dass Sie beispielsweise beim Kollektensammeln zu dominantem Verhalten neigen (auch das wird auf den folgenden Seiten noch genau erklärt), sollten Sie darauf achten, dass Sie nicht ungeduldig werden, wenn jemand etwas länger nach Kleingeld kramt. Oder Sie müssen sich als Gottesdienstbesucher bremsen, um nicht „Amen" zu rufen, wenn Ihnen die Predigt zu lange dauert. Pastoren zeigen alle möglichen Verhaltensausprägungen, genauso wie man bei ihnen auch viele verschiedene geistliche Gaben findet. Manche Pastoren sind ausgezeichnete Lehrer, andere sind seelsorgerlich begabt. Gott gebraucht jeden mit seinen Stärken und Gaben.

Aufgaben, die zu Verhaltensstärken passen

Vielleicht haben Sie in Ihrer Gemeinde eine Aufgabe übernommen, in der Sie sich unwohl fühlen. Das könnte daran liegen, dass sie nicht Ihren Verhaltensstärken entspricht. Vielleicht geht Ihnen bei Aufgaben, die viel Detailarbeit und einen langen Atem verlangen (z. B. die Führung der Gemeindekasse) schnell die Puste aus. Oder Sie fühlen sich wie ein Löwenbändiger, wenn Sie Sonntag für Sonntag den Kindergottesdienst abhalten. Oft übernimmt man solche Aufgaben ja deswegen, weil kein anderer da ist, der sich dazu bereit erklärt. In solch einem Fall sollten Sie überlegen, ob es andere Aufgaben gibt, die Sie übernehmen können, weil sie mit Ihren Stärken übereinstimmen. Es geht hier nicht darum, all denjenigen Argumente zu liefern, die mangels Durchhaltevermögen von einer Aufgabe zur anderen springen. Es geht vielmehr darum, für jeden Mitarbeiter das richtige Umfeld zu finden, in der er/sie aufblühen kann.

Gehen Sie von Ihren Stärken aus

Stärken-Schwächen-Analyse

Gott hat Ihnen ein paar wunderbare Stärken mitgegeben – und er will, dass Sie diese einsetzen. Für Sie bedeutet das: Überlegen Sie sich, wie Sie Ihre Stärken ins Gemeindeleben einbringen können. Natürlich ist es wichtig, dass Sie auch einige Punkte Ihres Verhaltens unter die Lupe nehmen, in denen Sie noch dazulernen sollten, weil sie sich z.B. durch übertriebenen Einsatz einer Stärke selbst begrenzen. Aber gehen Sie vor allen Dingen von Ihren Stärken aus. Machen Sie noch mehr daraus.

Lassen Sie mich überlegen ...

Füllen Sie die Fragebögen spontan aus

Gehen Sie die Fragen zügig durch. Überlegen Sie nicht lange, bevor Sie sich für eine Möglichkeit entscheiden. Sehr wahrscheinlich liegen Sie mit der Antwort, die Ihnen als erstes durch den Kopf geht, völlig richtig.

Zu guter Letzt

Eigentlich unnötig, das zu erwähnen: Schummeln ist streng verboten, abgesehen davon, dass es sich überhaupt nicht lohnt. Wenn Sie wirklich etwas über sich selbst erfahren wollen, müssen Sie sich selbst gegenüber ehrlich sein. Und wie gesagt: Durchfallen können Sie nicht.

Jetzt geht's los!

Die „Betriebsanleitung" für den Fragebogen ist ganz einfach. Sie finden auf den folgenden Seiten die Anleitung zur Auswertung. Viel Spaß dabei!

Kapitel 2
Der original Fragebogen

Mit dem Fragebogen ermitteln Sie, mit welcher Intensität die Verhaltensdimensionen **D**, **I**, **S** und **G** bei Ihnen ausgeprägt sind. Das Ergebnis sind drei individuelle Diagramme, die Sie anschließend interpretieren werden. Die drei Diagramme visualisieren verschiedene Aspekte Ihres persolog® Persönlichkeits-Profils.

Umfeld festlegen

Und nochmals: Wenn Sie den Fragebogen bearbeiten, müssen Sie beachten, dass Menschen nicht immer nach ein und demselben Muster agieren und reagieren, sondern abhängig von der jeweiligen Situation und den beteiligten Personen unterschiedlich handeln. Wenn Sie Ihr persolog® Persönlichkeits-Profil erstellen, müssen Sie daher zunächst festlegen, für welches Umfeld bzw. für welche Rolle oder welche konkrete Situation Sie den Fragebogen erstellen. Prinzipiell ist es möglich, das persolog® Persönlichkeits-Profil mehrfach anzufertigen – jeweils mit Blick auf ein anderes Umfeld, zum Beispiel für die Rolle als Teamleiter, für das Umfeld Mitarbeiter in einer bestimmten Gruppe Ihrer Gemeinde oder auch für das Umfeld als Ehepartner oder Elternteil.

Legen Sie jetzt fest, für welches Umfeld Sie den Fragebogen ausfüllen.

Umfeld: ______________________________

Datum: ____________

Beim Bearbeiten des Fragebogens sollten Sie das gewählte Umfeld stets vor Augen haben. Tragen Sie es daher bitte auch in die Zeile „Umfeld" auf den Seiten 21 und 23 des Fragebogens ein.

Der original Fragebogen besteht aus zwei Teilen:

- Der erste Teil enthält 24 Kästen mit Kurzsätzen, die Ihr Verhalten im gewählten Umfeld „am ehesten" beschreiben.
- Der zweite Teil enthält 24 Kästen mit Begriffen, die widerspiegeln, wie Sie sich im gewählten Umfeld „am wenigsten" empfinden.

Beide Teile sind mit Blick auf dasselbe Umfeld zu bearbeiten.

„Am ehesten"

Gehen Sie folgendermaßen vor, um den Fragebogen „Am ehesten" auszufüllen:

- Auf den Seiten 20 und 21 finden Sie 24 Kästen. In jedem der 24 Kästen befinden sich vier Kurzsätze.
- Beginnen Sie mit dem ersten Kasten. Lesen Sie sich alle vier Kurzsätze mit Blick auf das gewählte Umfeld aufmerksam durch.
- Entscheiden Sie sich für denjenigen Kurzsatz, von dem Sie denken, dass er Ihr Verhalten im gewählten Umfeld „am ehesten" beschreibt.
- Rubbeln Sie mit einer Münze das zugehörige Feld frei. Rubbeln Sie pro Kasten stets nur ein einziges Feld frei (siehe Beispiel 1).
- Bearbeiten Sie nun die anderen 23 Kästen in derselben Weise. Überspringen Sie dabei keinen Kasten.

Die Ergebnisse des persolog® Persönlichkeits-Profils sind genauer, wenn Sie dem ersten Eindruck folgen, statt lange über die Antwort nachzudenken. Dies gilt auch für den Fragebogen „Am wenigsten".

Beispiel 1

1	
im Umgang mit anderen bin ich verständnisvoll ...	
ich neige dazu, Schwierigkeiten zu erwarten...	N
ich bin entscheidungsfreudig	
ich reagiere schnell und lebhaft........................	

„Am wenigsten“

Gehen Sie folgendermaßen vor, um den Fragebogen „Am wenigsten“ auszufüllen:

- Auf den Seiten 22 und 23 finden Sie 24 Kästen. In jedem der 24 Kästen befinden sich vier Begriffe.
- Beginnen Sie mit dem ersten Kasten. Lesen Sie sich alle vier Begriffe mit Blick auf das gewählte Umfeld aufmerksam durch.
- Entscheiden Sie sich für denjenigen Begriff, der widerspiegelt, wie Sie sich im gewählten Umfeld „am wenigsten“ empfinden.
- Rubbeln Sie mit einer Münze das zugehörige Feld frei. Rubbeln Sie pro Kasten stets nur ein einziges Feld frei (siehe Beispiel 2).
- Bearbeiten Sie nun die anderen 23 Kästen in derselben Weise. Überspringen Sie dabei keinen Kasten.

Beispiel 2

1	
geduldig	S
vorhersehbar	
souverän	
redselig	

„Am ehesten"

Wählen Sie denjenigen Kurzsatz aus, der Ihr Verhalten im gewählten Umfeld „am ehesten" beschreibt, und rubbeln Sie das zugehörige Feld mit einer Münze frei.

1

im Umgang mit anderen bin ich verständnisvoll	S
ich neige dazu, Schwierigkeiten zu erwarten	N
ich bin entscheidungsfreudig	D
ich reagiere schnell und lebhaft	I

2

ich bin gesprächig	I
ich bin schüchtern	N
ich übernehme eine tonangebende Rolle	D
ich bin umgänglich	S

3

ich bin spontan	N
ich strebe danach, alles mir Mögliche zu erreichen	D
ich bin taktvoll	G
ich erreiche durch Freundlichkeit mein Ziel	S

4

ich bin temperamentvoll	I
ich gebe leicht nach	N
ich bringe anderen Vertrauen entgegen	S
meinen Willen durchzusetzen fällt mir leicht	D

5

ich schließe mich anderen an	N
ich bin zielstrebig	D
ich halte mich an Standards	G
ich habe Spaß, mit anderen zu sprechen	I

6

ich bin ein Mensch der Tat	D
ich habe Sinn für schöne Dinge	N
ich bin immer für einen Scherz zu haben	I
mich in andere einzufühlen fällt mir leicht	S

7

ich setze Komplimente gekonnt ein	N
ich bin diszipliniert	G
ich bin hilfsbereit	S
ich bleibe hartnäckig	D

8

ich bin anmutig	N
ich bin begeisterungsfähig	I
ich bin pflichtbewusst	G
ich tue anderen einen Gefallen	S

9

ich bin offen für Ideen	I
ich bin warmherzig	S
ich nehme die Sache in die Hand	D
ich bin zufrieden	N

10

ich mache, was ich will	D
ich bin diplomatisch	G
ich achte auf die Bedürfnisse anderer	S
ich bin unterhaltsam	N

11

ich bin lebenslustig	I
ich bin zielorientiert und effizient	D
ich bin zurückhaltend	G
ich organisiere und setze um	N

12

ich bekomme viel Lob	N
ich bin weichherzig	S
ich sage die Dinge, wie sie sind	D
ich bin friedliebend	G

Umfeld: ______________________

13

ich gehe Risiken ein	D
ich bin meist gut gelaunt	I
ich strebe nach Perfektion	G
ich hänge an meinen Gewohnheiten	N

14

ich halte mich an die Regeln	G
ich bin wettbewerbsorientiert	D
ich liebe die Abwechslung	N
ich komme gut mit anderen aus	S

15

ich bin großzügig	S
ich zögere meinen Ärger auszudrücken	N
ich lache viel	I
ich bin entschlusskräftig	D

16

ich mag viele Menschen um mich	I
ich teile gerne	S
ich neige dazu, das zu machen, was andere wollen	N
ich trete bestimmt auf	D

17

ich bin korrekt und genau	G
ich bin selbstsicher	N
ich bin kollegial und freundlich	S
ich bin emotionsgeladen	I

18

ich habe viele Ideen	N
ich will gewinnen	D
ich denke nach, bevor ich etwas sage	G
anderen bringe ich Respekt entgegen	S

19

ich bin aufgeschlossen	I
ich setze mich für meine Prinzipien ein	D
ich neige dazu, meine Meinung zurückzuhalten	N
ich gehe freundlich mit anderen um	S

20

ich bin analytisch	G
ich will was erleben	N
ich bin anderen gegenüber aufrichtig	S
es fällt mir leicht, Entscheidungen zu treffen	D

21

ich plane detailliert	G
ich bin willensstark	D
ich bin kontaktfreudig	I
ich vergebe das Geschehene	N

22

ich blicke optimistisch in die Zukunft	I
mich zufriedenzustellen fällt schwer	N
ich bin selbstbeherrscht	G
ich bin höflich und zuvorkommend	S

23

ich habe keine Probleme mich unterzuordnen	N
ich verteile gerne Lob an andere	S
ich bin gesellig	I
ich übernehme gerne die Initiative	D

24

ich strebe nach Erfolg	D
ich denke das Beste von anderen	N
ich bin ordentlich	G
ich tue Dinge mit viel Spaß und Elan	I

„Am wenigsten"

Wählen Sie denjenigen Begriff aus, der Ihre Empfindungen im gewählten Umfeld „am wenigsten" beschreibt, und rubbeln Sie das zugehörige Feld mit einer Münze frei.

1

geduldig	S
vorhersehbar	N
souverän	D
redselig	I

2

einfallsreich	N
nachdrücklich	D
warmherzig	S
bescheiden	G

3

inspirierend	I
autonom	N
ehrgeizig	D
kooperativ	S

4

positiv	N
anpassungsfähig	S
direkt	D
vorsichtig	G

5

durchsetzungsfähig	D
sachgerecht	G
unbeschwert	N
angenehm	S

6

arrogant	N
verspielt	I
fürsorglich	S
systematisch	G

7

unterstützend	S
selbstinszenierend	N
kritisch	G
risikobereit	D

8

überredend	N
tolerant	S
aufgeschlossen	I
vernünftig	G

9

unterhaltsam	I
sorgfältig	G
unerschrocken	N
hilfsbereit	S

10

umgänglich	N
bestimmt	D
lebhaft	I
genau	G

11

mutig	D
verständnisvoll	S
lernwillig	N
locker	I

12

zuvorkommend	S
anpassend	N
fröhlich	I
dynamisch	D

Umfeld: ____________________

13

gutmütig	S
selbstsicher	D
gesellig	I
gehorsam	N

14

anerkannt	N
respektvoll	S
pflichtbewusst	G
sympathisch	I

15

stark	D
ruhig	G
vertrauensvoll	I
diplomatisch	N

16

freundlich	S
tonangebend	D
pünktlich	G
überzeugend	N

17

kühn	D
zufrieden	N
friedliebend	G
enthusiastisch	I

18

kontaktfreudig	I
aufpassend	G
fordernd	D
rücksichtsvoll	S

19

attraktiv	I
loyal	N
prinzipientreu	G
willensstark	D

20

sanftmütig	S
charmant	I
unsicher	N
tatkräftig	D

21

kommunikativ	I
ausgleichend	S
entscheidungsfreudig	D
strikt	G

22

zurückhaltend	G
nachsichtig	S
glücklich	I
urteilsstark	D

23

spontan	I
ordentlich	G
hartnäckig	D
nett	S

24

gesprächig	I
präzise	G
energisch	D
aufrichtig	N

Auswertung

So füllen Sie die Auswertungsbox aus

- Gehen Sie zur Auswertungsbox auf Seite 25.
- Nach dem Rubbeln sehen Sie auf den Seiten 20 und 21 („am ehesten“) verschiedene Buchstaben abgebildet; in jedem der 24 Kästchen befindet sich einer.
- Zählen Sie, wie häufig die einzelnen Buchstaben vorkommen.
- Zunächst füllen Sie in der Auswertungsbox das obere Feld aus. Tragen Sie die Anzahl des Buchstaben N („am ehesten“) in das Kästchen N ein (siehe Beispiel).

Beispiel

Auswertungsbox I

Am ehesten

D	I	S	G
2	2	8	9

N
3

(Gesamtanzahl „am ehesten“ = 24)

Am wenigsten

D	I	S	G
7	8	5	3

N
1

(Gesamtanzahl „am wenigsten“ = 24)

Differenz

D	I	S	G
-5	-6	+3	+6

- Verfahren Sie genauso mit den Buchstaben D, I, S und G.
- Rechnen Sie nach, ob Sie richtig gezählt haben: Die Summe aller eingetragenen Zahlen muss 24 ergeben.
- Nun füllen Sie das mittlere Feld aus. Gehen Sie bei der Rubrik „am wenigsten“ (auf den Seiten 22 und 23) genauso vor wie bei der Auswertung des Bereichs „am ehesten“.
- Schließlich füllen Sie jetzt das untere Feld aus. Ziehen Sie die Punktzahlen in den „Am wenigsten“-Kästchen von den Punktzahlen in den „Am ehesten“-Kästchen ab.
- Tragen Sie das Ergebnis unter Verwendung der Vorzeichen plus und minus in die jeweiligen Kästchen ein.

Auswertungsbox I

Am ehesten

D I S G

N

(Gesamtanzahl „am ehesten“ = 24)

Am wenigsten

D I S G

N

(Gesamtanzahl „am wenigsten“ = 24)

Differenz

D I S G

So erstellen Sie die Diagramme

Im nächsten Schritt übertragen Sie die Ergebnisse Ihrer Auswertungsbox I in drei Diagramme. Gehen Sie dazu folgendermaßen vor:

- Übertragen Sie die Ergebnisse des oberen Feldes („Am ehesten") in das Diagramm I (siehe Beispiel).

Beispiel

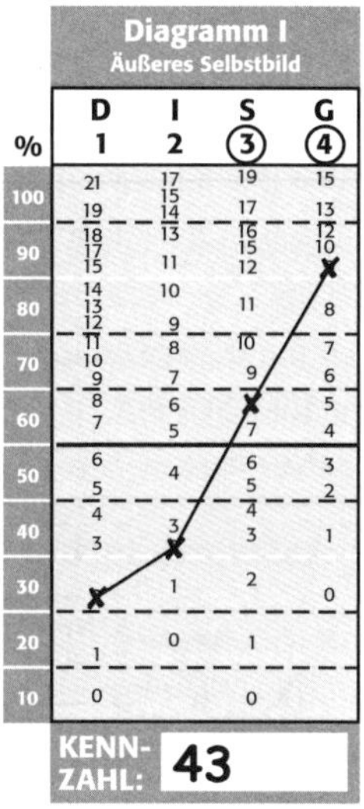

- Die Ergebnisse aus dem Feld „N" werden nicht in die Diagramme übertragen.
- Übertragen Sie danach Ihre Ergebnisse aus dem mittleren Feld („Am wenigsten") in das Diagramm II.
- Die Ergebnisse aus dem unteren Feld („Differenz") übertragen Sie schließlich in das Diagramm III.
- Verbinden Sie nun jeweils die Punkte in den drei Diagrammen miteinander (D mit I, I mit S, S mit G). Es entstehen drei Profile.

So stellen Sie Ihre Kennzahlen fest

Bei allen drei Diagrammen gilt es nun, die zugehörige Kennzahl zu ermitteln. Gehen Sie dazu folgendermaßen vor:

- Zunächst bestimmen Sie die Kennzahl bei Diagramm I. Wenn sich eine oder mehrere Punktzahlen über der Mittellinie befinden, kreisen Sie die jeweilige Zahl (1, 2, 3, 4) ein (siehe Beispiel).

Diagramm I
Äußeres Selbstbild

%	D 1	I 2	S 3	G 4
100	21 19	17 15 14	19 17	15 13
90	18 17 15	13 11	16 15 12	12 10 9
80	14 13 12	10 9	11	8
70	11 10 9	8 7	10 9	7 6
60	8 7	6 5	8 7	5 4
50	6 5	4	6 5	3 2
40	4 3	3 2	4 3	1
30	2	1	2	0
20	1	0	1	
10	0		0	

KENN-ZAHL:

Diagramm II
Inneres Selbstbild

%	D 1	I 2	S 3	G 4
100	0	0		0
90	1	1	0	1
80	2	2	1	2
70	3	3	2	3 4
60	4 5	4	3	5
50	6 7 8	5 6	4	6 7 8
40	9 10	7	5 6	9 10
30	11 12 13	8 10 11	7 8	11 12
20	14 17	12 15	9 14	13 15
10	18 20	16 19	15 19	16 19

KENN-ZAHL:

Diagramm III
Integriertes Selbstbild

%	D 1	I 2	S 3	G 4
100	+21 +18	+17 +14	+19 +17	+15 +12
90	+16 +15 +14	+13 +12 +10	+16 +14 +12	+11 +9 +8
80	+13 +11 +10	+9 +8 +7	+11 +10	+7 +6 +5
70	+9 +7	+6 +5 +4	+9 +8 +7	+4 +2
60	+6 +4 +2	+3 +2 +1	+6 +5 +4	+1 0 -1
50	+1 0 -2	0 -1	+3 +2	-2 -3
40	-3 -4 -5	-2 -3 -4	0 -1	-4 -6 -7
30	-6 -7 -9	-6 -7 -8	-2 -3 -4	-9 -10 -11
20	-11 -12 -14	-9 -10 -11	-5 -6	-12 -13
10	-16 -17 -18	-14 -17	-7 -12 -19	-14 -16 -18

KENN-ZAHL:

- Übertragen Sie die eingekreiste(n) Zahl(en) folgendermaßen in das Kästchen „Kennzahl" unter dem Diagramm:
  - Wenn Sie *drei* Zahlen eingekreist haben, dann tragen Sie die Zahlen von links nach rechts ein. Die einzig möglichen Kombinationen sind 123, 124, 134 und 234.
  - Wenn Sie *zwei* Zahlen eingekreist haben, die beide *auf der gleichen Höhe* im Diagramm liegen, dann tragen Sie die Zahlen von links nach rechts ein.
  - Wenn Sie *zwei* Zahlen eingekreist haben und eine davon im Diagramm *höher* liegt als die andere, dann tragen Sie die eingekreiste Zahl mit der höheren Position zuerst ein (siehe Beispiel auf der linken Seite).
  - Wenn Sie *eine* Zahl eingekreist haben, dann tragen Sie nur diese eine Zahl ein.
- Verfahren Sie genauso mit den Diagrammen II und III.

- Wenn sich *alle* eingetragenen Punktzahlen über oder unter der Mittellinie befinden, füllen Sie das Profil in einigen Tagen erneut aus. Für eine vorläufige Interpretation können Sie in diesem Fall die folgenden Kennzahlen verwenden:
  - alle Punktzahlen über der Mittellinie: Kennzahl 123;
  - alle Punktzahlen unter der Mittellinie: Kennzahl 4.

Kapitel 3
Jetzt wird DISGutiert!

Sie haben nun drei Diagramme vor sich, die die Grundlage zur Auswertung Ihrer Verhaltensdimensionen liefern.

Dafür steht der Name D-I-S-G

Wahrscheinlich erreichen Ihre drei Kurven in einer der Spalten D, I, S oder G einen Spitzenwert. Diese Abkürzungen stehen für vier Verhaltensstile:
D für Dominant
I für Initiativ
S für Stetig
G für Gewissenhaft

Vielleicht wundern Sie sich darüber, dass man einem Menschen ein paar Fragen stellen und ihn dann direkt in eine von vier Schubladen einordnen kann. Sie wundern sich zu Recht, denn eine solche Einordnung ist nicht möglich. Sechs Milliarden Menschen auf dieser Erde, das bedeutet auch sechs Milliarden verschiedene Persönlichkeiten – jeder Mensch ist einzigartig und unverwechselbar. Mit dem persolog® Persönlichkeits-Profil wird nicht der ganze Mensch erfasst. Das wäre eine unmögliche Aufgabe. Es werden vier Verhaltensdimensionen und deren 20 mögliche Mischungen, die Verhaltenstendenzen ermittelt.

Jede der vier Verhaltensdimensionen sagt etwas darüber aus, ob Sie ihr Umfeld eher als anstrengend/stressig oder als angenehm/nicht stressig wahrnehmen. Außerdem lassen sie eine Aussage darüber zu, ob Sie auf Ihr Umfeld eher zurückhaltend oder bestimmt reagieren.

Die vier Verhaltensdimensionen

Wie reagiere ich auf mein Umfeld?	Wie nehme ich mein Umfeld wahr?	
	anstrengend/stressig	angenehm/nicht stressig
bestimmt	1 12 **Dominanz** (direktiv) 124 14 13	21 2 **Initiative** (interaktiv) 123 24 23
zurückhaltend	41 42 **Gewissenhaftigkeit** (korrigierend) 134 4 43	31 32 **Stetigkeit** (unterstützend) 234 34 3

Daraus ergeben sich vier grundlegende Verhaltensdimensionen:

Die vier Verhaltensdimensionen

Zunächst gilt es herauszufinden, welche Dimension Ihr Verhalten am meisten prägt. Aber denken Sie daran: Ihre Verhaltensdimension ist nicht in Beton gegossen. Wenn Ihre Kurve bei G den höchsten Wert erreicht, bedeutet das nicht, dass Sie in jeder Situation und jederzeit ein „gewissenhafter Mensch“ sind. Zu Hause geben Sie sich vielleicht anders als auf der Arbeit oder in der Gemeinde. Und wenn Sie eine Gemeindegruppe leiten, verhalten Sie sich wahrscheinlich anders, als wenn Sie Teilnehmer einer Gruppe sind.

Gehen Sie von Diagramm III (Grafik Seite 27) aus, um Ihren persönlichen Schwerpunkt herauszufinden.

- Umkreisen Sie in der nebenstehenden Grafik Ihre Kennzahl. Als Basis dient die Kennzahl von Diagramm III.
- Ihre eingekreiste Kennzahl befindet sich in einem der vier Quadranten Dominanz, Initiative, Stetigkeit oder Gewissenhaftigkeit.
- Lesen Sie sich die Informationen zu diesem Quadranten durch und markieren Sie die Aussagen, die auf Sie zutreffen.
- Falls bei Ihnen zwei oder drei Verhaltenstendenzen besonders ausgeprägt sind, lesen Sie bitte die Informationen zu den entsprechenden Dimensionen durch. Wenn Sie also beispielsweise die Kennzahl 123 ermittelt haben, lesen Sie die Informationen zur dominanten, initiativen und stetigen Verhaltensdimension auf den folgenden Seiten.
- Markieren Sie die Aussagen, die auf Sie zutreffen.
- Wie kann mir dieses Wissen helfen?
  - Ich erfahre einige grundlegende Informationen zu meinem Verhaltensstil.
  - Ich erfahre, in welchem Umfeld ich mich am besten entfalten kann.
  - Ich erfahre, welche Menschen mich am besten ergänzen können.
  - Ich erfahre, welche Menschen in der Bibel mir von ihrem Verhalten her in bestimmten Situationen ähneln.
- Ich und die anderen: Lesen Sie auch die Beschreibungen zu den anderen „höchsten Punkten“, denn dieses Buch will Ihnen auch helfen, mit anderen Menschen besser zurecht zu kommen – und die sind manchmal ganz anders als Sie.

Kapitel 4
Der höchste Punkt: Dominant

1. Lass mich mal machen

Fallbeispiel: Pastor D

Mitarbeitertreffen in der Gemeinde. Das Straßenfest soll vorbereitet werden. Seit zwei Stunden schon sitzt man beieinander. Vorschläge werden diskutiert und verworfen. Sollen wir einen Schminkstand einrichten? Vielleicht sogar eine Hüpfburg aufstellen? Aber das ist viel zu teuer. Andererseits auch attraktiv. Und wie sieht es mit dem Rahmenprogramm aus? Haben wir genug Mitarbeiter? Könnten wir ... sollten wir? Schließlich platzt Pastor D. der Kragen. Er hat die Diskussion gründlich satt. „Genug diskutiert!", ruft er in die Runde. Dann präsentiert er seinen Vorschlag: Hüpfburg – die besorgt Pastor D. Dafür gibt es aber keinen Schminkstand. Abschlussandacht in der Kirche – mit Ansprache von Pastor D. persönlich. Würstchen vom Grill – Grillmeister: Pastor D.

Damit ist eigentlich alles geregelt. Und jeder hat das Gefühl, dass Widerspruch keinen Sinn macht.

So läuft es manchmal, wenn sich jemand dominant verhält. Der Dominante sagt, wo es langgeht. Lange Diskussionen führen seiner Meinung nach zu nichts. Am liebsten bestimmt er nicht nur, wie es gemacht wird, sondern behält auch alle Fäden in der Hand. Delegieren ist nicht gerade seine Stärke. Denn woher weiß er schon, ob die anderen die Aufgabe genauso gut bewältigen können wie er selbst?

Das Überraschende dabei: Der Dominante liegt damit gar nicht so falsch. Wenn er etwas anpackt, klappt das in der Regel auch. Und weil er sich vieles zutraut, delegiert er nicht gerne, sondern erledigt es lieber selbst. Oder verhält es sich gerade umgekehrt: Traut er sich so vieles zu, weil er nicht gerne den Überblick verliert?

Wahrscheinlich ist wirklich Letzteres der Fall. Denn hinter der augenscheinlichen Stärke steckt auch eine Angst – die Angst, die Kontrolle zu verlieren und die Fäden aus der Hand zu geben.

2. Grundtendenzen des Dominanten

reagiert bestimmt auf sein Umfeld und nimmt es als anstrengend/ stressig wahr

Sie erinnern sich: Wer sich dominant verhält, wird davon geprägt, dass er auf sein Umfeld bestimmt reagiert. Das heißt, er bleibt nicht passiv, sondern packt Herausforderungen aktiv an. Denn er hat das Gefühl, einem anstrengenden, stressigen Umfeld gegenüber zu stehen, das es zu besiegen gilt. Deshalb nimmt ein Mensch mit dominanter Verhaltensdimension so gerne Herausforderungen an. Schwierigkeiten sind dazu da, gelöst zu werden – und zwar möglichst schnell. Darin liegt eine große Stärke. Wo andere sich damit begnügen, über ein Problem zu diskutieren oder an Symptomen herumzukurieren, packt er es an. Er hat keine Probleme damit, das Steuer herumzureißen und alles von Grund auf zu ändern, wenn es Erfolg verspricht.

Stärken und Schwächen

Allerdings sieht er sich selbst oft anders als seine Umgebung. Der Dominante würde sich selbst als ergebnisorientiert, entschlussfreudig und zielstrebig bezeichnen. Das ist auch alles richtig. Aber auf der anderen Seite setzt er sich mit seinen schnellen Entschlüssen auch zuweilen über andere Menschen hinweg. Weil er alles selbst im Griff haben möchte, betrachtet er seine Mitmenschen als Konkurrenten. Kein Wunder, dass ihn die anderen deshalb nicht nur positiv sehen! Was der Dominante entschlussfreudig nennt, nennen andere mangelnde Teamfähigkeit. Sie fühlen sich überfordert und von ihm kontrolliert. Wo er schnelle Ergebnisse anstrebt, bleiben manchmal wichtige Details auf der Strecke.

Und schließlich ist der Wille zum Erfolg noch keine Erfolgsgarantie – auch Dominante können scheitern.

3. Wo dominante Menschen aufblühen

Benötigtes Umfeld

Damit ist schon ziemlich klar, in welchem Umfeld Menschen mit dominanten Verhaltenstendenzen aufblühen: Weil sie am liebsten das Sagen haben, brauchen sie einen Freiraum, in dem sie Entscheidungen treffen und Dinge ins Rollen bringen können. Am allerliebsten erarbeiten sie sich diesen Freiraum selbst. Für die Gemeinde bedeutet das zum Beispiel, dass sie neue Projekte ins Rollen bringen und sich auch um die Durchführung kümmern.

Für die Gemeinde sind solche Menschen wichtig. Wer schon länger in der Gemeinde mitarbeitet, weiß, dass viele Projekte einfach versanden. Zum Beispiel geht es darum, in der Gemeinde neue Hauskreise einzurichten. Vielleicht ist das Fehlen von Kleingruppen in der Gemeinde noch gar nicht als Mangel wahrgenommen worden. Aber dabei gibt es vieles zu bedenken: Wie viele Hauskreise brauchen wir? Wie viele Mitarbeiter stellen sich als Gastgeber und Gruppenleiter zur Verfügung? Worum soll es in den Hauskreisen inhaltlich gehen? Sollen sie sich alle Woche für Woche den gleichen Bibelabschnitt vornehmen? Oft dauert die Diskussion dann so lange, bis das Projekt vergessen ist und man sehnt sich förmlich danach, dass einer aufsteht und alles in die Hand nimmt. Der Dominante ist oft derjenige, der das Problem als Erster angeht und es zu lösen versucht.

Damit ist auch das Aufgabenfeld umrissen, in dem sich Menschen mit dominanten Verhaltenstendenzen wohl fühlen und in dem man sie braucht. Sie sind nämlich diejenigen, die sich neue Projekte einfallen lassen – auch wenn das die ganze Gemeinde auf den Kopf stellt. Und sie haben die Begabung, einen Plan in die Tat umzusetzen. Deshalb findet man sie in der Gemeinde oft als Meinungsmacher.

4. Wo Dominante Ergänzung brauchen

Man braucht nicht viel Phantasie, um sich vorzustellen, wie eine Gemeinde aussieht, in der nur Menschen mit dominanten Verhaltenstendenzen das Sagen haben. (Natürlich wäre eine Gemeinde, in der es nur initiative, stetige oder gewissenhafte Menschen gäbe, auch nicht

Braucht andere, die ...

besser dran. Gut, dass es solche Gemeinden in der Realität nicht gibt.) Darum geht es ihnen nämlich – das Sagen zu haben und die Kontrolle zu behalten. Denn ihre größte Angst ist es, die Kontrolle zu verlieren. Deshalb brauchen Menschen mit dominantem Verhalten unbedingt ein Gegengewicht.

- Menschen mit dominanter Verhaltenstendenz wollen oft schnelle Ergebnisse sehen und preschen in eine Richtung davon, ohne Für und Wider abzuwägen. Deshalb brauchen sie Menschen, die sich Zeit nehmen, ein Problem tiefer zu durchdenken und Pro und Contra abzuwägen.
- Dominanten Menschen fehlt oft der Sinn für Details. Deshalb brauchen sie jemanden, der sich darum kümmert.
- Weil sie ergebnisorientiert arbeiten und vor allem das Ziel im Blick haben, achten sie oft nicht darauf, ob sie andere – und sich selbst – überfordern. Deshalb brauchen sie Menschen, die darauf achten, ob es den Mitarbeitern gut geht.

Es liegt in der Natur der Sache, dass gerade Menschen mit einer dominanten Verhaltenstendenz nicht unbedingt Wert darauf legen, mit anderen zusammenzuarbeiten. Deshalb kann es unter Umständen schwierig sein, ihnen klarzumachen, dass sie andere brauchen.

Haben Sie bei sich selbst dominante Verhaltenstendenzen festgestellt? Dann wissen Sie jetzt, wie Sie sich und Ihren Mitarbeitern in der Gemeinde das Leben leichter machen können.

5. Auf den Punkt gebracht: Dominanz

D

Kerneigenschaften der Verhaltensdimension

Menschen mit ausgeprägt dominanter Verhaltensdimension betrachten das Umfeld als herausfordernd und anstrengend (stressig). Sie wollen andere besiegen. Sie versuchen, Hindernisse durch Zielstrebigkeit zu überwinden. Oft arbeiten sie unabhängig von anderen. Menschen mit ausgeprägt dominanter Verhaltensdimension lassen sich als aktiv und entschlossen charakterisieren.

Kennzahlen

1, 12, 13, 14, 124

Ziel

- Das Umfeld formen;
- Widerstand überwinden, um Ergebnisse zu erzielen.

Grundbedürfnis

Unabhängigkeit

Motivation

- Möglichkeiten, sich zu behaupten;
- sich mit anderen messen;
- zeigen, was sie können;
- sich Respekt verschaffen;
- sich durchsetzen;
- gefürchtet sein;
- um das Überleben kämpfen;
- erfolgreich sein;
- verlieren das Interesse, wenn die Aufgaben zur Routine werden.

Grundangst

Bezwungen zu werden.

Kapitel 5
Der höchste Punkt: Initiativ

1. Macht doch alle mit!

Fallbeispiel: Frau I

Gerade hat sich die Gruppe getroffen, die den Gästegottesdienst vorbereiten will. Zehn Personen, das ist doch gar nicht schlecht. Aber leider hat sich zu Hause noch keiner Gedanken gemacht. Nur langsam kommt das Gespräch in Gang. Die Vorbereitung läuft so zäh, dass eigentlich keiner mehr Lust hat. Als einer aus dem Kreis schließlich zaghaft vorschlägt, man könnte im Gottesdienst doch einmal vorstellen, was Christen zum Thema „Wohlstand und soziale Sicherheit" zu sagen hätten, hält es Frau I., die Leiterin der Frauengruppe, mit einem Mal nicht mehr auf dem Stuhl. Die Ideen sprudeln nur so aus ihr heraus: „Ich sehe das Ganze schon vor mir! Als Dekoration könnten wir Schaufensterpuppen nehmen, eine im teuren Fummel, mit Schmuck und so, und die andere im abgerissenen Anzug. Und mir ist gerade ein Sketch eingefallen, den man nur noch ein bisschen ausarbeiten müsste. Willst du das machen, Bernhard? Und vielleicht könnten wir als Präludium ‚Money makes the world go round' spielen. Das kriegt ihr schon hin, oder?" Endlich kommt die Sache ins Rollen. Frau I. hat es geschafft, die Mitarbeiter für den Gästegottesdienst zu begeistern. Um die Details müssen sie sich allerdings selber kümmern.

Manchmal braucht man einen Menschen, der die Initiative ergreift. Menschen mit initiativem Verhaltensstil können das: Sie bringen es fertig, eine ganze Gruppe für etwas zu begeistern. Sie sehen die Welt positiv. Sie denken nicht als Erstes über die Schwierigkeiten nach.

Am liebsten regeln sie die Dinge spontan. Wie Frau I. kommen ihnen die besten Ideen nicht am Schreibtisch, sondern im Kontakt mit anderen Menschen. Details und Einzelheiten sind ihnen dabei allerdings nicht so wichtig – Hauptsache, die Richtung stimmt und alle machen mit.

2. Grundtendenzen initiativen Verhaltens

reagiert bestimmt auf sein Umfeld und nimmt es als angenehm/ nicht stressig wahr

Wer einen initiativen Verhaltensstil zeigt, hat es lieber mit Menschen, als mit abstrakten Aufgaben zu tun. Er sieht die Umwelt angenehm und empfindet sie nicht als stressig. Probleme wischt er mit einer Handbewegung zur Seite. Und oft schafft er sie tatsächlich aus der Welt, indem er mit anderen Menschen zusammenarbeitet und sie mobilisiert. Wer sich initiativ verhält, kann andere Menschen wirklich begeistern.

Wer initiative Verhaltenstendenzen zeigt, wirkt darum in aller Regel sympathisch. Andernfalls würde sich ja auch niemand von ihm begeistern lassen. Ihm ist es wichtig, die Menschen in eine Aufgabe einzubinden. Das schafft er vor allem, indem er redet – mitreißend, klar und gut formuliert.

Und auch andere lässt der Initiative gern reden. Diskussionen sind seine Sache – Hauptsache, es sind alle dabei. Aber wenn niemand sonst das Wort ergreift, macht es ihm auch nichts aus, das Reden allein zu übernehmen.

Stärken und Schwächen

Allerdings sieht sich der Initiative oft anders als seine Umgebung. Wenn ihm jede Minute eine neue geniale Idee kommt, empfinden das andere als sprunghaft. Wenn er begeistert schwärmt, könnte man den Eindruck haben, dass er nur seine Show abzieht. Der Initiative weiß, dass er andere Menschen begeistern kann.

Aber genau diese Menschen fragen sich möglicherweise hinterher: „Wie hat der mich herumgekriegt? Wieso mache ich das?" Es ist durchaus denkbar, dass sie sich manipuliert fühlen.

Menschen mit initiativer Verhaltenstendenz gehen gerne mit Menschen um. Deshalb gilt für sie auch nicht das Motto: „Erfolg um jeden Preis". Hauptsache, alle sind dabei. Manchmal kommen deshalb Einzelheiten und Detailfragen zu kurz – darum sollen sich lieber die anderen kümmern.

3. Wo initiative Menschen aufblühen

Benötigtes Umfeld

Klare Sache: Wer in vielen Situationen zu initiativem Verhalten neigt, braucht Menschen um sich herum. Am liebsten arbeitet ein „I" im Team mit anderen zusammen. Hier kann er begeistern und motivieren, Vorschläge und Ideen entwickeln.

Menschen, die sich initiativ verhalten, mag man einfach gerne. Sie bemühen sich, niemanden im Regen stehen zu lassen, sondern jeden mit einzubeziehen. Es soll ja Hauskreise geben, in denen mehr geschwiegen als geredet wird, weil sich keiner traut, etwas zu sagen. In einer solchen Situation ist es wichtig, dass es einen Menschen gibt, der die Initiative ergreift.

Möglicherweise äußert er zwar nicht die tiefsinnigen Gedanken, die die anderen Mitglieder der Gruppe bewegen, aber er bringt das Gespräch in Gang.

Menschen mit einer initiativen Verhaltenstendenz eignen sich deshalb wunderbar zur Leitung von Kleingruppen (jedenfalls solange es sich nicht um eine Fasten- und Schweigefreizeit handelt). In ihrer Nähe fühlt man sich wohl und geborgen. Sie geben einer Gruppe den richtigen Schwung und sorgen dafür, dass der Gesprächsstoff nicht ausgeht.

Bei kurzfristigen Projekten ist der Initiative ebenfalls ganz in seinem Element. Vor allem, weil hier schnelle Erfolge zu sehen sind und man gegebenenfalls etwas Lob einstreichen kann. Dazu zählen etwa die Vorbereitung von Gemeindefesten oder Gästegottesdiensten, Dekoration des Erntedanktisches, Einüben von Sketchen und so weiter.

4. Wo Initiative Ergänzung brauchen

Braucht andere, die ...

Menschen mit stark ausgeprägten initiativen Verhaltenstendenzen fühlen sich allein immer etwas unvollständig – und das ist gut so! Denn sie brauchen ein Gegengewicht, nicht nur um der anderen willen, sondern auch, weil es ihnen selbst gut tut.

Denn da es solchen Menschen wichtig ist, dass man sie gern hat, haben sie oft auch folgende Ängste: Nehmen mich die anderen an? Bin ich bei ihnen beliebt? Schenken sie mir Anerkennung, wenn ich ihnen helfe?

Wie auch bei allen anderen Verhaltenstendenzen werfen gerade die Stärken einen dunklen Schatten. Wer sich initiativ verhält, kann andere und sich für etwas begeistern – aber auf der anderen Seite fehlt ihm möglicherweise der lange Atem, um ein Projekt von A bis Z durchzudenken und durchzuführen. Von seiner Seite gesehen ist das auch gar nicht so wichtig – Hauptsache, die anderen lassen sich von seinem Enthusiasmus anstecken. Aber im Alltag geht es eben doch darum, dass Aufgaben angepackt und zu Ende gebracht werden. Ein bisschen plakativ gesagt: Der Initiative versteht es, die Gemeinde dafür zu begeistern, eine neue Kirche zu bauen. Aber wenn er auf sich selbst nicht aufpasst und niemanden zur Seite hat, der ihn unterstützt, kann es leicht geschehen, dass nur das alte Gebäude abgerissen wird und sich danach nichts mehr tut.

5. Auf den Punkt gebracht: Initiative

I

Kerneigenschaften der Verhaltensdimension

Menschen mit ausgeprägt initiativer Verhaltensdimension betrachten das Umfeld als angenehm (nicht stressig). In ihren Augen besteht es hauptsächlich aus Menschen, die ermutigt und angespornt werden müssen. Sie sind aufgeschlossen, freundlich und überzeugend. Menschen mit ausgeprägt initiativer Verhaltensdimension lassen sich als gesprächig und offen charakterisieren.

Kennzahlen

2, 21, 23, 24, 123

Ziel

- Das Umfeld formen;
- andere einbinden, um Ergebnisse zu erzielen.

Grundbedürfnis

Akzeptiert zu werden.

Motivation

- Möglichkeit, Spaß zu haben;
- die Gefühle anderer verstehen;
- mit Menschen umgehen;
- Angst unterdrücken, indem sie in Bewegung bleiben und Zeit und Mühe nicht aufrechnen.

Grundangst

Benachteiligt zu werden.

Kapitel 6
Der höchste Punkt: Stetig

1. Ich lass' dich nicht hängen!

Fallbeispiel: Herr S

Der Gemeindevorstand trifft sich. Unter anderem wird heute über ein neues Projekt diskutiert: Die Einrichtung einer offenen Jugendarbeit.

Herr S. ist etwas beunruhigt: So etwas hat es bisher in der Gemeinde noch nicht gegeben. Muss er da etwa auch mitmachen? Und vielleicht legen die Jugendlichen das Gemeindehaus in Schutt und Asche. Kann man nicht einfach eine ganz normale Jugendarbeit machen, so wie er es von früher kennt?

Aber der Pastor scheint von dem neuen Konzept ganz überzeugt zu sein. Er erklärt, dass man mit der neuen Arbeit ganz andere Jugendliche erreichen kann als mit einer traditionellen Jugendgruppe. Allmählich versteht Herr S. Und außerdem – er hat den Pastor noch nie hängen lassen!

Gut, wenn man sich auf einen Mitarbeiter verlassen kann! Herr S. gehört dazu. Sich in einer bestimmten Situation stetig zu verhalten, bedeutet: loyal und teamfähig sein. Auf der anderen Seite hat jemand, der stetiges Verhalten an den Tag legt, oft Schwierigkeiten mit Unsicherheiten, die Veränderungen mit sich bringen – stetig sein heißt ja gerade, nicht von einem Tag auf den anderen alles anders zu machen.

2. Grundtendenzen stetigen Verhaltens

reagiert zurückhaltend auf sein Umfeld und nimmt es als angenehm/nicht stressig wahr

Menschen mit stetiger Verhaltenstendenz betrachten ihr Umfeld als angenehm (nicht stressig), wenn alle zusammenarbeiten, um Ziele zu erreichen. Im Diagramm finden wir das stetige Verhalten unten rechts. Das heißt: Wer sich stetig verhält, orientiert sich eher an Menschen als an Aufgaben. Und er gibt sich eher zurückhaltend als bestimmt, und zwar deswegen, weil er sich im Allgemeinen schwächer empfindet als die Menschen, mit denen er zu tun hat. Wenn ein Mensch in einer bestimmten Situation stetig reagiert, legt er es deshalb nicht darauf an zu kämpfen. Lieber arrangiert er sich mit dem Bestehenden, und zwar nicht nur um seiner selbst willen, sondern auch, weil man im Kampf andere Menschen verletzen kann. Denn wer stetig handelt, ist menschenbezogen, und zwar auf rücksichtsvolle Art. Es kommt ihm nicht so sehr darauf an, andere Menschen mitzureißen, sondern mit ihnen gut auszukommen. Das macht ihn zu einem wertvollen Mitarbeiter in der Gemeinde. Aufgaben, die andere Menschen langweilig finden, weil nicht dauernd „Action" angesagt ist, langweilen ihn durchaus nicht. Je länger er an einem Platz bleibt, desto mehr kann er sich entwickeln. In vielen Gemeinden wird immer mehr darüber nachgedacht, Aufgaben auf ein Jahr zu begrenzen, um überhaupt Mitarbeiter zu finden. Für solche Gemeinden sind stetige Mitarbeiter ein wunderbares Geschenk. Diese Art von Loyalität erstreckt sich übrigens nicht nur auf seine Aufgaben, sondern auch auf andere Menschen, mit denen er zusammenarbeitet. Das bedeutet natürlich keine kritiklose Anerkennung aller Dinge, die in der Gemeinde geschehen. Aber einen stetigen Mitarbeiter wird man kaum jemals dabei erwischen, dass er über andere herzieht oder beim Geburtstagskaffee schlecht über die Gemeinde redet. Überhaupt hört er lieber zu, als dass er redet. Und diese Zurückhaltung hat auch darin ihren Grund, dass er von seinen eigenen Leistungen manchmal nicht recht überzeugt ist. Im Vergleich zu anderen schätzt er sich oft schwächer ein – und damit kann er völlig falsch liegen. Wenn er nämlich etwas sagt, hat er länger darüber nachgedacht als manch anderer, und das schlägt sich auch in der Qualität seiner Beiträge nieder.

Stärken und Schwächen

Allerdings nimmt sich der Stetige selbst anders wahr als seine Umwelt. Er lässt andere nicht hängen und unterstützt sie. Das kann man auch als Unterwürfigkeit auslegen. Er selbst weiß von sich, dass man sich auf ihn verlassen kann. Man kann wirklich mit ihm „rechnen" – wie zwei und zwei immer vier ergibt, ist das, was der Stetige tut, auch oft vorhersagbar. Das bedeutet in den Augen anderer Menschen eine gewisse Starrheit. Und wenn sich der Stetige als geduldig einschätzt – und zwar völlig zu Recht – gibt es auch immer Menschen, die das auszunutzen wissen.

Wer sich stetig verhält, kann sich nicht so schnell für etwas Neues begeistern wie der Initiative. Dafür hält die Begeisterung aber auch länger vor. Das ist so ähnlich wie mit dem Land- und Seeklima: Weit weg vom Meer wird es sehr schnell sehr heiß, während es an der Küste länger dauert und auch meist keine extrem hohen Temperaturen erreicht werden. Dafür kühlt es sich im Winter aber auch nicht so schnell ab – und ganz frostige Winter erlebt man dort selten.

3. Wo stetige Menschen aufblühen

Benötigtes Umfeld

Der Begriff sagt eigentlich schon alles: Wer sich stetig verhält, gedeiht in einem stetigen Umfeld am besten – also einer Umgebung, die sich nicht von einem Tag auf den anderen verändert und ein gewisses Maß an Sicherheit bietet. Am liebsten arbeitet der Stetige dabei im Team.

In der Gemeinde gibt es Hunderte von Aufgaben, die dieser „Arbeitsplatzbeschreibung" entsprechen! Wie wäre es zum Beispiel mit der Musikgruppe? (Dabei ist es natürlich wünschenswert, dass der Betreffende auch musikalisch ist, aber darüber sagt das persolog® Persönlichkeits-Modell leider nichts.) Das ist eine Aufgabe, bei der man jeden Sonntag anwesend sein und gleichberechtigt mit anderen zusammenarbeiten muss. Für jemanden, der sonntags gern mal ganz spontan in eine andere Gemeinde geht (oder sogar ausschläft ...), wäre eine solche Aufgabe eine echte Folter. Wer sich stetig verhält, fühlt sich aber genau mit dieser Aufgabe pudelwohl.

Die „treuen Seelen" der Gemeinde, die man nach jedem Gemeindefest mit Sicherheit beim Abwaschen findet, gehören auch oft in diese Gruppe. Aber mal ehrlich: Wäre es nicht nett, wenn Sie beim nächsten Gemeindeabwasch einem von ihnen einfach mal das Handtuch abnehmen und die Aufgabe selbst erledigen?

4. Wo Stetige Ergänzung brauchen

Braucht andere, die ...

Kein Mensch ist perfekt. Das gilt selbstverständlich auch für Menschen, die sich stetig verhalten. Sie brauchen Menschen, die sie ergänzen und unterstützen. Der Dominante und der Initiative klopfen sich zur Not selbst mal auf die Schulter, und manchmal brauchen sie es sogar, dass man sie ein wenig bremst. Der Stetige aber weiß ein ehrlich gemeintes Lob zu schätzen – für ihn ist es überlebenswichtig, gerade weil er seine eigenen Leistungen oft unterschätzt. Das Lob von anderen ist deshalb keine billige Schmeichelei, sondern rückt nur die Maßstäbe wieder gerade.

Oft wird in der Gemeinde nicht genug gelobt – wenn wir einmal vom Lobpreis im Gottesdienst absehen. Aber auch wir Menschen haben das nötig. Natürlich bekommen einzelne Gemeindemitglieder Lob zu hören. Aber das sind meist diejenigen, die ohnehin im Rampenlicht stehen. Und vielleicht freut sich ja sogar Ihr Pastor mal über ein Lob.

Wer sich stetig verhält, scheut oft die Konfrontation. Oft kritisiert er um der Harmonie willen nicht, weil er niemanden verletzen möchte. Aber manchmal ist ein klärendes Wort unbedingt notwendig. Man kann lange darauf warten, dass ein stetiger Mensch in solch einer Situation die Initiative ergreift, und mit ziemlicher Sicherheit ist er dankbar, wenn ein anderer das tut.

Aber der Stetige braucht nicht nur Ergänzung durch andere Menschen. In mancher Hinsicht müssen auch die Stetigen an sich selbst arbeiten. Die Angst vor Unsicherheiten und die Sehnsucht nach Überschaubarkeit können seltsame Blüten hervorbringen.

Wenn eine Musikgruppe sich alle drei Monate trifft und für die folgenden zwölf Gottesdienste die Lieder heraussucht (und zwar genau fünf pro Gottesdienst, nicht eins mehr und nicht eins weniger), würde ein bisschen mehr Spontaneität sicherlich nicht schaden. Ganz abgesehen davon, dass man sich dann sogar thematisch auf den jeweiligen Gottesdienst einstellen könnte.

Wie bei allen anderen Verhaltenstendenzen gilt auch hier: Allzu viel ist ungesund!

5. Auf den Punkt gebracht: Stetigkeit

S

Kerneigenschaften der Verhaltensdimension

Menschen mit ausgeprägt stetiger Verhaltensdimension betrachten ihr Umfeld als angenehm (nicht stressig), wenn alle zusammenarbeiten, um Ziele zu erreichen. Sie sind berechenbar, verlässlich und kooperativ. Menschen mit ausgeprägt stetiger Verhaltensdimension lassen sich als verlässlich und kooperativ charakterisieren.

Kennzahlen

3, 31, 32, 34, 234

Ziel

Mit anderen zusammenarbeiten, um Ergebnisse zu erzielen.

Grundbedürfnis

Sicherheit

Motivation

- Möglichkeit, die wahren Gefühle auszudrücken;
- ablehnen, was ihren Vorstellungen widerspricht;
- von anderen wichtig genommen werden;
- Forderungen gegenüber anderen rechtfertigen.

Grundangst

Allein zu sein.
Allein gelassen zu werden.

Kapitel 7
Der höchste Punkt: Gewissenhaft

1. Das müssen wir uns genau angucken

Fallbeispiel: Frau G

Die alten Stühle im Gottesdienstraum sind endgültig durchgesessen. Jetzt müssen neue her, und die Gemeinde berät. Wie immer, wenn es um Geschmacksfragen geht, schlagen die Wellen hoch: Welches Material, welche Farbe, wie teuer sollen die Stühle sein? Ganz langsam bildet sich eine Meinung heraus: Das Modell der Firma Seelensitz in hellem Holz mit dunkelblauem Bezug findet allgemeine Zustimmung, und der Preis ist auch in Ordnung. Nur Frau G. kann sich mit dem Vorschlag nicht anfreunden. Sie beklagt sich: „Ich habe überhaupt keine Entscheidungsgrundlage. Wir haben uns die Kataloge von drei Herstellern angesehen, aber es gibt doch sicherlich noch viel mehr, oder? Was können denn die anderen bieten? Sind die vielleicht billiger? Und wie lange halten die Stühle denn bei einer durchschnittlichen Belegung von 80 % in jedem Gottesdienst? Gibt es Statistiken und Erfahrungswerte von anderen Gemeinden, die diese Stühle gekauft haben?"

Die anderen Gemeindemitglieder rutschen schon unruhig auf ihren Stühlen hin und her. Sie wollen nach Hause. Aber Frau G. lässt nicht locker. Schließlich bekommt sie den Auftrag, selbst noch einmal Nachforschungen anzustellen. Und tatsächlich: vier Wochen später kann Frau G. der Gemeinde einen ganz ähnlichen Stuhl vorstellen, der 30 % billiger ist – und außerdem bietet der Hersteller zehn Jahre Garantie.

Frau G. gibt sich nicht mit oberflächlichem Nachfragen zufrieden. Bevor sie wirklich eine Entscheidung treffen kann, muss sie alle Fakten kennen. Was sie in der Gemeinde über die neuen Stühle hört, ist ihr einfach zu dürftig. Das ist das hervorstechende Merkmal des gewissenhaften Verhaltens. Und tatsächlich behält Frau G. Recht: Durch ihr Nachforschen schafft sie es, ein besseres Angebot einzuholen.

2. Grundtendenzen des Gewissenhaften

reagiert zurückhaltend auf sein Umfeld und nimmt es als anstrengend/ stressig wahr

Menschen mit gewissenhafter Verhaltenstendenz sind eher zurückhaltend. Sie empfinden ihr Umfeld als anstrengend (stressig) und wirken häufig konfus. Sie versuchen, Schwierigkeiten aus dem Weg zu gehen und möglichst viel Ordnung zu bewahren. Was Sorgfalt und Genauigkeit betrifft, sind sie für andere beispielhaft. Gewissenhafte Menschen arbeiten gründlich und machen tatsächlich wenig Fehler. Meistens dauert es nicht lange, bis sie diese bei anderen Menschen entdecken. Deshalb fällt es Menschen mit gewissenhaften Zügen auch nicht immer leicht, mit anderen Menschen zusammenzuarbeiten – kaum einer genügt nämlich den Qualitätsansprüchen, die sie für sich selbst aufgestellt haben.

Eine alte Geschichte aus der Zeit, als man sich noch keine E-mails schickte, erzählt von einem Mann, der einem Hochzeitspaar per Telegramm gratulieren wollte. Weil jedes zusätzliche Wort Extrakosten verursachte, beschränkte er sich auf die telegrafische Übermittlung der Bibelstelle 1. Johannes 4,18. Den entsprechenden Vers sollte das Paar selbst nachschlagen: „Furcht ist nicht in der Liebe, sondern die vollkommene Liebe treibt die Furcht aus!" Leider übermittelte der Postbeamte den Text nicht ganz vollständig. Beim frischgebackenen Ehepaar kamen lediglich die Worte „Johannes 4,18" an. Und sie erschraken, als sie den Vers in ihrer Bibel nachschlugen: „Fünf Männer hast du gehabt, und der, den du jetzt hast, ist nicht dein Mann."

Einem gewissenhaften Absender wäre dieser Fehler nicht unterlaufen – allerdings wären wir dafür um eine hübsche Geschichte ärmer.

Stärken und Schwächen

Natürlich kann man von einem Menschen, der eine Frage von allen Seiten beleuchtet, nicht erwarten, dass er schnelle impulsive Entscheidungen trifft. Wer gewissenhaft handelt, braucht Zeit zum Überlegen. Kein Wunder, dass die Entscheidung eines Gewissenhaften auch oft durchdachter ist als die eines Menschen, der überwiegend dominant oder initiativ handelt. Allerdings weicht er Entscheidungen auch gerne aus und versucht sich dann diplomatisch aus der Affäre zu ziehen.

Weil ein Gewissenhafter gerne sämtliche Aspekte einer Sache durchdenkt, ist das Gerechtigkeitsempfinden bei ihm sehr ausgeprägt. Denn Gerechtigkeit hat auch etwas mit dem Einhalten von Regeln zu tun, und Regelverletzungen nimmt der Gewissenhafte mit traumwandlerischer Sicherheit wahr.

Allerdings sieht sich der Gewissenhafte anders als seine Umwelt. Wenn er in einem Buch alle Druckfehler anstreicht, ist er in seinen Augen nur genau – andere halten ihn für pedantisch.

Wie man diese Eigenschaft bezeichnet, hängt natürlich auch von dem Beruf des Gewissenhaften ab. Wenn er tatsächlich Korrektur liest oder Arbeiten korrigiert, wünscht man sich Genauigkeit. Aber wenn die Suche nach Druckfehlern lediglich seiner Art entspricht, seiner Lebensfreude Ausdruck zu geben, hält man das für pedantisch. Wenn er eine Aufgabe ganz sachlich anpackt, könnten andere Menschen den Eindruck gewinnen, dass er innerlich unbeteiligt ist. Und wenn er ein Problem analysiert, alle Aspekte gründlich betrachtet und gegeneinander abwägt, werden manche vielleicht ungeduldig und bezeichnen ihn als „Bremser".

Wer seine Aufgaben gewissenhaft erledigt, respektiert echte Autoritäten – denn das sind ja normalerweise Menschen, die hohe Qualitätsmaßstäbe garantieren. Das bedeutet allerdings nicht, dass diese davor sicher sind, vom Gewissenhaften kritisiert zu werden.

Wenn ein Pastor etwa in einer Predigt eine Bibelstelle falsch angibt, dann wird ihm am ehesten ein Gewissenhafter auf die Spur kommen und ihn darauf hinweisen. Kritik, die ihm selbst entgegengebracht wird, empfindet der Gewissenhafte zwar als herabsetzend, aber wenn er selbst Kritik austeilt, erwartet er dafür Anerkennung – denn damit sorgt er ja dafür, dass die Qualität aufrechterhalten wird.

3. Wo gewissenhafte Menschen aufblühen

Benötigtes Umfeld

Wer gewissenhaft arbeitet, hat gerne ein Umfeld, das ihm feste Regeln bietet, und am liebsten erledigt er seine Aufgaben allein. In der Gemeinde gibt es viele Aufgaben, die Menschen mit diesem Verhaltensstil entgegenkommen. Zum Beispiel die Verwaltung der Gemeindekasse – obwohl D, I, S und G nichts darüber sagt, ob Menschen mit gewissenhaftem Verhalten Lust am Umgang mit Zahlen haben. Gewissenhaftigkeit bedeutet natürlich nicht, dass sich ein Mensch lieber mit dem Einmaleins als mit der Orgel beschäftigt. Wer handwerklich begabt und gewissenhaft ist, kann zum Beispiel auf den ersten Blick feststellen, ob die Fenster mal wieder ausgetauscht werden müssen oder ob es irgendwo im Gemeindehaus potenzielle Gefahrenstellen gibt, die man beseitigen muss. Und natürlich gibt es unter den Gewissenhaften auch Pastoren. Sie neigen in ihren Predigten und Bibelstunden oft zu Genauigkeit in Detailfragen. Wenn Sie zum Beispiel eine Frage zur symbolischen Bedeutung der Olive im Alten Testament haben und Belegstellen brauchen, fragen Sie am besten einen gewissenhaften Pastor.

4. Wo Gewissenhafte Ergänzung brauchen

Braucht andere, die ...

Gewissenhafte brauchen also eine geschützte (unaufgeregte) Umgebung, um sich richtig zu entfalten. Die ist in der Gemeinde nicht immer gegeben. Wer einen Gewissenhaften in seinen Aufgaben unterstützen will, kann also versuchen, ihn von hektischen Diskussionen abzuschirmen. Und weil Gewissenhafte sich mit Entscheidungen oft schwer tun, hilft es ihnen, wenn ihnen diese Arbeit von anderen abgenommen wird.

Aber es gibt auch Züge bei Menschen mit vorwiegend gewissenhaftem Verhaltensstil, die man nicht unterstützen sollte. Gerade weil ein Gewissenhafter sich gerne an Regeln festhält, tut es ihm gut, wenn er in seiner Umgebung Menschen findet, die auch einmal Regeln brechen – oder nachfragen, wozu diese Regeln eigentlich gut sind. Es liegt in der Natur der Sache, dass Gewissenhafte Veränderungen gegenüber nicht sehr aufgeschlossen sind. Wenn man ihnen aber deutlich macht, warum diese Veränderungen gut und notwendig sind und ihnen außerdem genug Zeit gibt, darüber nachzudenken, kann man sie überzeugen.

Vor einigen Jahren (und das ist tatsächlich eine wahre Geschichte) weigerte sich einmal ein Mann, am Grillabend seiner Gemeinde teilzunehmen. Begründung: In der Bibel steht nirgendwo etwas vom Grillen, und deshalb sollen Christen mit so etwas auch nichts zu schaffen haben. Das war eindeutig ein „gewissenhaftes" Argument, auch wenn ihm eine gewisse Skurrilität nicht abzusprechen war. Man hätte Hunderte von Gegenargumenten finden können, aber dem Pastor gelang es, auf das eine Argument zu stoßen, das den Gewissenhaften sofort überzeugte: Als Jesus nach seiner Auferstehung am Ufer des Sees Tiberias Fische am offenen Feuer zubereitete, um mit den Jüngern zu frühstücken, war das doch nichts anderes als Grillen.

Zugegeben, ein etwas seltsames Beispiel, aber es macht deutlich, dass Gewissenhafte davon profitieren, wenn ihnen jemand hilft, gegen selbst auferlegte Regeln zu verstoßen – und zwar indem er ihnen plausibel macht, dass man manche Dinge auch ganz anders regeln kann.

G 5. Auf den Punkt gebracht: Gewissenhaftigkeit

Kerneigenschaften der Verhaltensdimension

Menschen mit ausgeprägt gewissenhafter Verhaltensdimension betrachten ihr Umfeld als anstrengend (stressig) und wirken häufig konfus. Sie versuchen, Schwierigkeiten aus dem Weg zu gehen und möglichst viel Ordnung zu bewahren. Was Sorgfalt und Genauigkeit betrifft, sind sie für andere beispielhaft. Menschen mit ausgeprägt gewissenhafter Verhaltensdimension lassen sich als diszipliniert und besorgt charakterisieren.

Kennzahlen

4, 41, 42, 43, 134

Ziel

Mit anderen über mögliche Konsequenzen von Aktivitäten reden.

Grundbedürfnis

Dinge richtig zu machen.

Motivation

- Möglichkeit, andere fair zu behandeln;
- die Welt verbessern;
- Fehler ausmerzen;
- die eigene Ansicht rechtfertigen;
- alles nach einer einheitlichen Vorstellung beurteilen;
- sich von bedrohlichen Dingen fern halten.

Grundangst

Kritisiert zu werden.

Kapitel 8
Konflikte in der Gemeinde

Wo Menschen miteinander leben, kommt es zu Konflikten. Das gilt auch für die Gemeinde. Davon kann sicher jeder etwas berichten. Der eine beklagt sich, dass er nicht richtig wahrgenommen wird. Wenn er einen Vorschlag macht, findet er niemals Gehör. Die andere wünscht sich im Gottesdienst modernere Lieder. Der dritte ist genervt, weil die Mitarbeiter nicht so richtig spuren. Immer muss er alles alleine machen. Und der vierte kann es immer noch nicht vergessen, dass in der Gulaschsuppe im letzten Jahr zu viel Knoblauch war.

Reibungsverluste entstehen im Alltag

Auffällig dabei ist, dass sich keiner dieser Konflikte um die großen theologischen Fragen dreht. Wenn man in der Gemeinde streitet, geht es meistens nicht um das Verhältnis zwischen Gnade und Heiligung, sondern um die Entscheidung zwischen weißen und grauen Jalousien. Oder zwischen Liederbuch und Beamer. Eigentlich hat eine Gemeinde so etwas doch nicht nötig, oder? Warum kommt es dann aber immer wieder zum Streit?

Die Antwort fällt kurz und bündig aus: Weil wir Menschen unterschiedliche Bedürfnisse mitbringen und nicht gelernt haben, die Bedürfnisse der anderen richtig zu sehen. Das Ganze hat auch etwas mit den Verhaltensdimensionen D, I, S und G zu tun.

In den vorangegangenen Kapiteln haben wir gesehen, dass hinter jedem Verhaltensstil eine bestimmte Angst lauert. Und was man bei sich selbst als Stärke wahrnimmt, muss bei anderen Menschen nicht unbedingt gut ankommen – vor allem, wenn man diese Stärke im Übermaß kultiviert. Jede Stärke wirft sozusagen auch einen Schatten.

Nun sind alle Stärken, die wir bei den verschiedenen Verhaltensstilen kennen gelernt haben, für die Gemeinde wichtig. Wir brauchen Menschen, die andere begeistern können – und wir brauchen auch Menschen, die neue Ideen bis ins Detail umsetzen können. Wir brauchen Menschen, die Meinungsmacher sind und entscheiden, welche Richtung die Gemeinde einschlagen soll – und wir brauchen auch Menschen, die solche Entscheidungen kritisch hinterfragen und alle Aspekte gründlich durchdenken.

Wo liegt also das Problem?

(K)Einer kann alles

Wir müssen erst einmal begreifen, dass wir uns wirklich ergänzen. Die Gemeinde ist keine Ein-Mann-Show. Manchmal hört man ja von Pastoren und Gemeindeleitern, die so viele Begabungen mitbringen, dass sich niemand sonst traut, eine Aufgabe anzupacken. Aber da dürfte es sich um eine Selbsttäuschung handeln. Schon möglich, dass es wirklich Pastoren gibt, die mitreißend predigen, zu den Gemeindeliedern auf der Trompete improvisieren, mit der Jungen-Erwachsenen-Gruppe auf Klettertour gehen, im Seniorenkreis basteln und bei alledem noch intensiv persönliche Beziehungen pflegen. Aber einen Fehler hat so ein Pastor bestimmt: Wenn er es nicht versteht, Mitarbeiter zu ermutigen und sie selbstständig arbeiten zu lassen, liegt der Konflikt schon in der Luft.

Wenn Herr G. das Bedürfnis hat, die Gemeindekasse ganz genau zu führen, dient das nicht seinem eigenen Wohlbefinden – die ganze Gemeinde profitiert davon. Wenn Frau S. Wert auf einen freundlichen Umgangston legt, ist das für die ganze Gemeinde gut. Wenn Herr I. eine flammende Ansprache hält, um die Gemeinde für ein neues Projekt zu begeistern, ist das vielleicht genau das, was Gott mit dieser Gemeinde vorhat. Und wenn Frau D. auf eine schnelle Entscheidung drängt, weil die Gemeinde ein neues Gemeindehaus bauen will, kann es durchaus sein, dass die Zeit wirklich knapp ist und die Entscheidung so schnell wie möglich getroffen werden muss.

Bedürfnisse des anderen anerkennen

Aber jeder sieht die Welt mit anderen Augen. Unsere eigenen Bedürfnisse liegen uns näher als die der anderen. Allerdings handelt es sich bei diesen Bedürfnissen um eine ganz subjektive Empfindung: Ich brauche etwas, bei dem ich mich wohlfühle. Das heißt nicht, dass die Bedürfnisse falsch sind, im Gegenteil, aber der andere hat eben auch Bedürfnisse. Und deshalb müssen wir lernen, einen Schritt oder zwei auf den anderen zuzugehen. Vorher allerdings müssen wir erst einmal begreifen, was der andere eigentlich braucht. Manchmal wissen wir das nämlich nicht. Wir begreifen nicht so recht, woran sich ein Konflikt entzündet. Wir beginnen uns ganz sachlich darüber zu unterhalten, ob wir eine Pfeifenorgel oder lieber einen Synthesizer für die Gemeinde kaufen wollen, und auf einmal sind wir fast dabei, uns die Köpfe einzuschlagen. Und dann wissen wir nicht, wie es so weit kommen konnte. Viele Konflikte entstehen einzig und allein aus Missverständnissen.

Für Geschäftsleute und Touristen gibt es Bücher, die ihnen genau erklären, was sie im Ausland lieber lassen sollten, um nicht unangenehm aufzufallen. Zum Beispiel kommt es in Japan gar nicht gut an, seine Gastgeber mit einem Küsschen zu begrüßen. Aber in Frankreich ist das normal. Wer im Ausland unterwegs ist, tritt leicht ins Fettnäpfchen, ohne eine böse Absicht dabei zu haben. Man ist einfach nur schlecht informiert. Wenn der ausländische Geschäftspartner oder Gastgeber sich brüskiert fühlt, liegt in der Regel ein Missverständnis zu Grunde. Irgendwie hat es mit der Kommunikation nicht geklappt, dabei hätte ein Blick in den Auslandsratgeber manche Peinlichkeit verhindern können.

Mit den Verhaltensstilen, die das persolog® Persönlichkeits-Modell beschreibt, ist es nicht anders. Auf den folgenden Seiten finden Sie einen kleinen „Reiseführer für Verhaltensstile“. Manche davon decken Gebiete ab, die Sie selbst ganz gut kennen, aber Sie werden auch einiges über Verhaltensstile lernen, die Ihnen persönlich eher fremd sind.

Kapitel 9
Kleiner Reiseführer für Dominante

1. D trifft auf D

Fallbeispiel: Küster D und Pastor D

Küster D. ist unter anderem für die Instandhaltung des Gemeindehauses verantwortlich. Ein absoluter Fachmann! Kleine Reparaturen erledigt er sofort. Neulich streikte der zwanzig Jahre alte Herd in der Gemeindeküche. Küster D. probierte hin und her. Schließlich informierte er den Gemeindevorstand: Wir brauchen einen neuen Herd! Pastor D. kann das nicht so recht glauben – schließlich hält er sich selbst auch für einen begabten Heimwerker. Er schaut lieber selbst noch mal in der Küche nach. Dreht an den Knöpfen, rückt den Herd von der Wand ab und überprüft die Anschlüsse. Genau in diesem Moment überrascht ihn der Küster. Er explodiert: „Das ist mein Bereich! Wenn ich sage, der Herd ist kaputt, dann ist er auch kaputt, ist das klar?" Pastor D. feuert zurück: „Was in meiner Gemeinde passiert, geht auch mich automatisch etwas an!"

Wie hätte Pastor D. reagieren können, um den Konflikt zu vermeiden?

Wie hätte Küster D. reagieren können, um den entstehenden Konflikt zu entschärfen?

2. D trifft auf I

Fallbeispiel: Pastor D und Frau I

Am Dienstagabend trifft sich eine Gruppe im Gemeindehaus, um den Gästegottesdienst vorzubereiten. Eigentlich geht die Idee auf Frau I. zurück. Sie hat im Kirchenvorstand dafür geworben und es auch geschafft, die anderen dafür zu begeistern. Frau I. bereitet das Treffen vor. Sie will eine angenehme Atmosphäre schaffen. Wenn der Gästegottesdienst Kirchenfremde ansprechen soll, gilt das für die Mitarbeiter der Vorbereitungsgruppe genauso!

Sie hat ein paar bunte Tischdecken und Blumen mitgebracht, stellt Getränke und etwas zum Knabbern auf den Tisch und zündet Kerzen an. Dann legt sie noch eine CD mit den Liedern für den Gottesdienst in den mitgebrachten CD-Spieler. So wird jeder, der den Raum betritt, schon auf den Gästegottesdienst eingestimmt. Das klappt auch ganz gut – jedenfalls bis Pastor D. auf der Bildfläche erscheint. Zielstrebig steuert er auf den Stuhl am Kopfende zu, räuspert sich vernehmlich und verkündet: „Kann mal jemand die Musik abstellen und das Licht anschalten. So kann man doch nicht arbeiten. Wir wollen zusehen, dass wir in anderthalb Stunden fertig sind."

Mit einem Schlag ist die angenehme Atmosphäre zerstört.

Wie hätte Pastor D. reagieren können, um den entstehenden Konflikt zu vermeiden?

Wie könnte Frau I. reagieren, um den entstehenden Konflikt zu entschärfen?

3. D trifft auf S

Fallbeispiel: Pastor D und Herr S

S. leitet die Jugendgruppe der Gemeinde. Hin und wieder schaut er gerne bei Pastor D. vorbei, um ihn auf dem Laufenden zu halten. Schließlich arbeitet man ja in einer Gemeinde zusammen, und da ist es doch gut, wenn man weiß, wie es dem anderen geht.

Heute ist es wieder so weit. S. klingelt an Pastor Ds. Haustür. D. öffnet und führt ihn in sein Arbeitszimmer. S. nimmt auf dem unbequemen Besucherstuhl vor dem Schreibtisch Platz. Dann fängt er an zu erzählen: Vom Programm der letzten Monate, von den Themen, die die Jugendlichen gerade bewegen, von den Projekten, die sie für die nächste Zeit planen. Als er so richtig in Fahrt kommt, unterbricht ihn D.: „Läuft doch alles wunderbar. Wo ist denn das Problem? Deswegen brauchst du doch nicht zu mir zu kommen!“

S. fühlt sich völlig missverstanden. Pastor D. legt offensichtlich keinen Wert darauf, sich entspannt über die Jugendarbeit zu unterhalten, wenn weder Probleme zu lösen sind noch große Projekte anstehen.

Wie hätte Pastor D. reagieren können, um den entstehenden Konflikt zu vermeiden?

Wie könnte S. zeigen, dass ihm das Gespräch mit dem Pastor wichtig ist?

4. D trifft auf G

Fallbeispiel: Pastor D und Herr G

Im Gemeindevorstand wird der Haushalt für das nächste Jahr besprochen. Gemeindekassierer G. hat einige Tabellen vorbereitet, die er austeilt und erklärt. Ausführlich erläutert er jeden Posten. „Unter dem Konto ‚Sonstige Geschenke' habe ich einen Betrag von 100 Euro eingetragen. Das sind Geschenke für einzelne Personen zu besonderen Gelegenheiten. Im letzten Jahr haben wir zum Beispiel dem Organisten zum 50. Geburtstag eine CD mit Präludien von Bach geschenkt. Die wollte er allerdings gegen eine andere eintauschen, die etwas teurer war, und dann mussten wir den ursprünglichen Betrag um 3 Euro erhöhen. Und zum Dienstjubiläum von ..." „Ist gut", wirft Pastor D. ein, „sind ja nur hundert Euro, der Betrag geht für mich in Ordnung. Kommen wir lieber zu den wichtigen Sachen."

Kassierer G. fühlt sich bloßgestellt und brüskiert. Immerhin hat er ein ganzes Wochenende in die Planung investiert.

Wie könnte Pastor D. reagieren, um den entstehenden Konflikt zu vermeiden?

Wie könnte Kassierer G. deutlich machen, dass er die Details für wichtig hält?

Kapitel 10
Kleiner Reiseführer für Initiative

1. I trifft auf D

Fallbeispiel: Hauskreisleiter I und Pastor D

Die Gemeinde bereitet ein Straßenfest vor. Herr R. vom Kirchenvorstand leitet die Sitzung. Für alle Teilnehmer war es ein langer Tag gewesen, und Herr R. bemüht sich, die Besprechung so kurz wie möglich zu halten. Schließlich müssen morgen alle wieder zur Arbeit. Es stellt sich heraus, dass das gar nicht so einfach ist. Irgendwie lässt sich die Tagesordnung nicht so zügig durcharbeiten. Ganz egal, welcher Punkt gerade zur Debatte steht: Hauskreisleiter I. fällt zu allem und jedem etwas ein, und zwar meistens etwas, das mit dem eigentlichen Punkt gar nichts zu tun hat. Als man darüber diskutiert, ob man einen Flohmarkt veranstalten soll, denkt er laut über das Würstchengrillen nach; als man bespricht, ob man Würstchen grillen soll, ist er in Gedanken schon bei der Abschlussandacht; und als man überlegt, wie man die Abschlussandacht gestalten kann, fragt er nach, ob man vielleicht einen Clown für die Kinder engagieren sollte. Kurz: Hauskreisleiter I. sprengt das Treffen. Wenn es so weitergeht, werden alle noch um Mitternacht in der Besprechung sitzen.

Pastor D. findet ziemlich deutliche Worte: „So kommen wir nicht weiter! Wenn du etwas zu sagen hast, halte dich bitte an die Tagesordnung!" I. fährt auf: „Ich bin doch der einzige, der hier Ideen einbringt. Wenn ihr nicht wollt – bitteschön, ich kann darauf verzichten."

Wie könnte I. reagieren, um den entstehenden Konflikt zu vermeiden?

Wie könnte Pastor D. versuchen, den Konflikt zu entschärfen?

2. I trifft auf I

Fallbeispiel: Herr I und Frau I

Heute wird der Gemeindegesang wieder von der Band begleitet. Herr I. an der E-Gitarre und Frau I. am Keyboard gehören auch dazu. Obwohl „dazugehören" ein dürftiger Ausdruck ist: Sowohl Herr I. als auch Frau I. halten sich für die prominentesten und wichtigsten Bandmitglieder. Immerhin steht Herr I. mit seiner Gitarre ganz vorne, und Frau I. sorgt mit dem Keyboard für das harmonische Gerüst.

Nur kann sich Frau I. neben den vielen anderen Instrumenten leider nicht gut hören. Unauffällig dreht sie den Lautstärkeregler an ihrem Instrument etwas höher. Endlich heben sich ihre Läufe und Akkorde deutlich von den anderen ab. Vor allem der Gitarrist geht etwas unter. Zum Glück hat er an seiner Gitarre auch einen Lautstärkeregler. Schon hört es sich so an, als könnte er die Keyboardspielerin besiegen, als sie selbst wieder zu ihrem Schieberegler greift. Der Wettkampf dauert genau vier Strophen lang. Bei der letzten Strophe allerdings ist die Gemeinde kaum mehr zu hören.

Klarer Fall: Keyboardspielerin I. und Gitarrist I. müssen lernen, sich zurückzunehmen. Aber wie können sie das schaffen?

3. I trifft auf S

Fallbeispiel: Ingo I und Steffi S

Wie immer findet der Hauskreis am Mittwochabend bei Ingo I. statt. Die Abende laufen nach einem festen Muster ab: Zuerst trinken die Teilnehmer Tee und erzählen. Dann wird gemeinsam gesungen. Bevor man sich einen Bibeltext vornimmt, werden Gebetsanliegen ausgetauscht, um anschließend gemeinsam dafür zu beten.

In diesem Hauskreis kennt man sich gut. Deshalb kommen auch recht persönliche Probleme zur Sprache. Dieses Mal hat Steffi S. etwas Besonderes auf dem Herzen. Sie ist nämlich drauf und dran, ihr Studium abzubrechen. Noch hat sie niemandem davon erzählt, aber heute Abend möchte sie das endlich einmal loswerden, mit den anderen darüber reden und gemeinsam mit ihnen Gott darum bitten, dass sie eine gute Entscheidung trifft.

Die anderen bringen keine großen Gebetsanliegen vor: Der eine will sich einen neuen Computer kaufen, der zweite will in Urlaub fahren, der dritte muss diese Woche ein Referat halten. Steffi überlegt noch, wie sie ihr Anliegen formulieren kann. Sie versucht mit Ingo Blickkontakt aufzunehmen. Aber der kann wohl nicht in ihren Augen lesen. „Noch weitere Anliegen? Nein? Dann wollen wir jetzt beten!", ruft Ingo in die Runde. Und Steffi ärgert sich – über sich selbst, weil sie nicht schnell genug reagiert hat, und über Ingo, weil er überhaupt nicht gemerkt hat, was mit ihr los ist.

Hat Ingo I. falsch reagiert?

Gibt es eine Möglichkeit für Steffi S., den entstehenden inneren Konflikt zu entschärfen?

4. I trifft auf G

Fallbeispiel: Frau I und Frau G

Beim Gemeindesommerfest sollen alle etwas zum Buffet beisteuern. Frau I. und Frau G. haben die Aufgabe übernommen, Rezepte herauszusuchen, die zum ausgewählten Motto passen. Zum gemeinsamen Mittagessen soll es nämlich Spezialitäten geben, die nach einem Ort oder einer Stadt benannt sind.

Frau G. kommt hervorragend vorbereitet zum Treffen. Aus ihrer Kochbuchsammlung hat sie an die einhundert Gerichte herausgesucht. Ziemlich stolz liest sie Frau I. die Liste vor: „Frankfurter Würstchen, Kieler Sprotten, Zürcher Geschnetzeltes, Berliner Pfannkuchen, Königsberger Klopse." Frau I. unterbricht sie: „Gut, gut, aber das will ich jetzt alles gar nicht hören. Das sind sowieso viel zu viele Gerichte. Und ist da nicht etwas Exotischeres dabei? Das klingt mir alles sehr nach gutbürgerlicher Küche!" Frau G. ist beleidigt. In die Liste hat sie sechs Stunden Arbeit investiert, und Frau I. kritisiert nur daran herum. Dabei hat sie selbst keine einzige Rezeptidee mitgebracht.

Wie hätte Frau I. reagieren können, um den Konflikt zu vermeiden?

Wie könnte Frau G. den Konflikt entschärfen?

Kapitel 11
Kleiner Reiseführer für Stetige

1. S trifft auf D

Fallbeispiel: Herr S und Pastor D

Herr S. spielt in seiner Gemeinde schon seit zwanzig Jahren sonntags die Orgel. Als eines Tages ein neues Liederbuch herauskommt, ist Pastor D. begeistert: Es enthält fast das gesamte aktuelle Liedgut der Gemeinde. Bisher hatte die Gemeinde immer aus zwei Liederbüchern gesungen. Gerade auf Gäste wirkten die Ansagen immer etwas verwirrend („Wir singen jetzt Nr. 15 aus dem blau-weiß gestreiften Buch").

Natürlich bespricht Pastor D. die Angelegenheit auch mit dem Organisten S. Der soll die Lieder schließlich begleiten. Er kann sich mit dem neuen Liederbuch aber gar nicht anfreunden. „Schon wieder etwas Neues? Ich habe mich gerade an die beiden Liederbücher gewöhnt, und die Bücher sind doch noch gut erhalten."

Nach drei Wochen fragt Pastor D. noch einmal nach. Noch immer hat sich Organist S. mit dem Liederbuch nicht anfreunden können. Nun verliert er doch langsam die Geduld und fordert den Organisten S. auf, sich nicht so anzustellen, schließlich würde er doch von dem neuen Liederbuch am meisten profitieren. Organist S. fühlt sich mit seinen Gedanken nicht ernst genommen und trägt Pastor D. die ganze Geschichte nach.

Wie könnte Organist S. reagieren, um den Konflikt zu entschärfen?

Wie könnte Pastor D. reagieren?

2. S trifft auf I

Fallbeispiel: Frau S und Herr I

Die Gemeinde nimmt ein neues Projekt in Angriff: den Aufbau von Hauskreisen. Herr I. und Frau S. haben die Aufgabe übernommen, in der Gemeinde nachzufragen, wer bereit ist, sein Wohnzimmer zur Verfügung zu stellen oder auch die Leitung zu übernehmen. Herr I. stürzt sich begeistert in das Projekt. Nach einer Woche hat er bereits drei Wohnzimmer und drei Leiter ausfindig gemacht.

Und Frau S.? Die denkt noch darüber nach, wer überhaupt in Frage käme. Sie hat einmal auf dem Stadtplan nachgeschaut, wie man die Hauskreise geografisch günstig organisieren könnte, und ein oder zwei Namen für die Leiter sind ihr auch schon durch den Kopf gegangen. Schließlich sollten die potenziellen Hauskreisleiter auch die Fähigkeit haben, sich auf die Gruppe einzustellen. Aber gefragt hat sie noch niemanden. Herr I. ärgert sich. Muss er denn immer alles allein machen?

Wie könnte Frau S. reagieren, um den entstehenden Konflikt zu vermeiden?

Was könnte Herr I. tun?

3. S trifft auf S

Fallbeispiel: Herr S und Frau S

In der Gemeinde stehen Vorstandswahlen an. Herr S. und Frau S. bekommen die Aufgabe, die Wahlen vorzubereiten und durchzuführen. Das ist eigentlich keine große Sache. Die Gemeinde hat nur einhundert Mitglieder. Man muss keine Flugblätter entwerfen, um die Kandidaten vorzustellen. Lediglich ein kleiner Artikel für den Gemeindebrief ist notwendig. Dann muss die Wahl rechtzeitig in den Bekanntmachungen angesagt werden. Außerdem müssten die beiden noch einmal in die Wahlordnung schauen, damit alles mit rechten Dingen zugeht. Und schließlich müssen sie noch die Wahlzettel entwerfen und drucken. Das sollte doch alles zu schaffen sein. Aber zwei Wochen vor der Wahl hat sich noch nichts getan. Der Pastor fragt nach. Es stellt sich heraus, dass noch gar nichts erledigt ist. Irgendwie hat jeder der beiden darauf gewartet, dass der andere die Vorbereitungen ankurbelt.

Auch dieser Fall liegt klar: Herr S. und Frau S. haben darauf gewartet, dass der andere den Stein ins Rollen bringt. Aber wie können sie es schaffen, in der nächsten vergleichbaren Situation anders zu reagieren?

4. S trifft auf G

Fallbeispiel: Pastorin S und Gemeindeleiter G

Gemeindeleiter G. kann dem Büchertisch seiner Gemeinde nichts abgewinnen. Das hat seinen Grund: Einige Bücher stehen offenbar schon seit den frühen 70er Jahren im Regal, während man das aktuelle Programm der christlichen Verlage vergeblich sucht. G. überlegt: Sollte man dem Büchertischwart ein paar aktuelle Prospekte in die Hand drücken oder ihn einmal auf eine Schulung schicken? Oder vielleicht den Büchertisch einem anderen Mitarbeiter anvertrauen?

Als er die Sache mit Pastorin S. bespricht, versucht sie zu beschwichtigen: „Wenn wir unserem Büchertischwart zu verstehen geben, dass er seine Sache schlecht macht, würde ihn das sehr verletzen. Außerdem hat er keine andere Aufgabe in der Gemeinde, und er macht das wirklich gern. Und vor Weihnachten gehen die Kalender und Losungsbücher sehr gut. Etwas anderes wird hier doch nicht gekauft."

G. ist verstimmt. Man könnte den Büchertisch doch so viel aktueller halten, wenn man nicht auf alles und jeden Rücksicht nehmen müsste.

Wie könnte Pastorin S. reagieren, um den Konflikt zu entschärfen?

Wie könnte Gemeindeleiter G. reagieren?

Kapitel 12
Kleiner Reiseführer für Gewissenhafte

1. G trifft auf D

Fallbeispiel: Gemeindekassierer G und Pastor D

Die Jugendarbeit in der Gemeinde floriert. Jede Woche kommen Jugendliche ins Haus, die man mit einer traditionellen Jugendarbeit nicht erreichen würde. Allerdings: Damit die Arbeit wirklich etwas bringt, müsste man einen Jugenddiakon einstellen, der etwas von der Sache versteht.

Pastor D. unterbreitet dem Gemeindevorstand diesen Vorschlag. Was ihn betrifft, ist die Sache völlig klar, man müsste nur noch darüber abstimmen. Tatsächlich nicken auch alle zustimmend – bis auf den Gemeindekassierer G., der sofort ausgerechnet hat, welche finanziellen Belastungen auf die Gemeinde zukommen würden. Seiner Meinung nach ginge die Gemeinde ein außerordentliches Risiko ein und müsste sogar die Rücklagen angreifen. „Ohne mich!", heißt es deshalb von ihm.

Den anderen Mitgliedern des Vorstandes ist das finanzielle Risiko sehr wohl bewusst, aber sie glauben nicht, dass nur finanzielle Erwägungen eine Rolle spielen dürfen, wenn es um einen blühenden Zweig der Gemeindearbeit geht. Pastor D. unterbreitet dem Kassierer, dass man notfalls die Entscheidung auch ohne ihn fällen werde und nach jemand anderem suchen muss. Gemeindekassierer G. ist entrüstet. So wenig ist also seine Stimme und sein Votum wert, wo er doch genauesten über die Gemeindefinanzen Bescheid weiß.

Sollte Kassierer G. hier über seinen Schatten springen?

Und wie könnte Pastor D. reagieren, um den Gemeindekassierer G. von seinem Vorschlag zu überzeugen?

2. G trifft auf I

Fallbeispiel: Gerdi G und Ingeborg I

Der allseits beliebte Pastor wird 50 und das ausgerechnet am Sonntag. Eigentlich hatte man nur geplant, ihm nach den Bekanntmachungen ein Buch zu überreichen. Aber Ingeborg I. kommt das doch etwas dürftig vor, als sie am Freitagabend noch einmal darüber nachdenkt. Wie wäre es denn mit einem Sektempfang nach dem Gottesdienst?

Sofort ruft sie ihre Freundin Gerdi G. an. Die winkt gleich ab: „Das ist ja schon übermorgen. Und keiner weiß Bescheid. Die wollen bestimmt direkt danach heimfahren. Außerdem brauchen wir mindestens vier Leute, um alles vorzubereiten, und jemand muss morgen noch einkaufen gehen. Also, ich weiß nicht recht. Wenn du das unbedingt durchziehen willst, such dir besser jemand anders." Ingeborg I. ist enttäuscht, sie dachte, sie könnte auf Gerdi G. zählen und nun ist sie so eine Bedenkenträgerin.

Der Empfang am Sonntag wird ein voller Erfolg. Nur Gerdi G. knabbert im Hintergrund etwas verschämt an ihrem Lachsbrötchen.

Wie könnte Gerdi G. reagieren, um den Konflikt zu entschärfen?

Und wie steht es mit Ingeborg I.?

3. G trifft auf S

Fallbeispiel: Frau G und Frau S

Seit einem Monat arbeitet Frau G. im Kindergottesdienst mit. Es war nicht ganz einfach, sie zu überreden, aber es fehlte wirklich hinten und vorne an Mitarbeitern. Aber so richtig glücklich scheint sie mit ihrer Aufgabe nicht zu sein. Frau S., die auch eine Gruppe im Kindergottesdienst betreut, fragt nach. Die Antwort fällt ziemlich einsilbig aus: „Ach ja, ganz gut." Frau S. hakt weiter nach: „Würdest du die Aufgabe lieber wieder abgeben?" „Nein, nicht nötig", erwidert Frau G. Dabei würde sie lieber heute als morgen alles hinschmeißen. Und Frau S. hat das Gefühl, dass sie mit Frau G. nicht gut zusammenarbeiten kann.

Wie hätte Frau G. besser reagiert?

Hätte Frau S. noch besser auf Frau G. eingehen können?

4. G trifft auf G

Fallbeispiel: Gertrud G und Gudrun G

Gertrud G. und Gudrun G. stehen am Herd der Gemeindeküche. Heute steht wieder ein gemeinsames Mittagessen mit der Gemeinde auf dem Programm. Es gibt Gulasch. Die beiden Frauen haben sich darauf geeinigt, dass Gertrud das Fleisch zubereitet und Gudrun für die Kartoffeln und das Gemüse verantwortlich ist. Auf der Arbeitsplatte liegt das Rezept, das sie auf hundert Personen umgerechnet haben – sicher ist sicher.

Eine ganze Weile arbeiten die Frauen zusammen am Herd und unterhalten sich dabei. Aber plötzlich zeigt Gudrun auf die Waage: „Ich denke, du hast zwanzig Gramm Mehl zuviel." Sofort schielt Gertrud auf Gudruns Kartoffeln: „Und ich glaube, du hast deine Kartoffeln nicht allzu sorgfältig geschält."

Auf einmal herrscht dicke Luft. Die beiden Frauen sprechen nicht mehr miteinander, und auch die anderen Gemeindemitglieder drücken sich still an der Küchentür vorbei, obwohl sie sonst ganz gern mal hineinschauen.

Was hier geschieht, ist nicht schwer zu durchschauen. Aber wie können es die beiden Frauen schaffen, in der Küche oder anderswo besser miteinander auszukommen?

Kapitel 13
Auf den Punkt gebracht!

Manche Menschen mögen es gern kurz und übersichtlich. Falls Sie auch zu diesem Personenkreis gehören, kommt Ihnen die folgende Übersicht wahrscheinlich entgegen.

	Die andere Person ist ein(e): D	I	S	G
Sie sind ein(e):	Aspekte Ihres Verhaltens, die bei dieser Person Spannungen auslösen können:			
D	Ihre Tendenz zu übermäßiger Kontrolle, wenn dadurch die Freiheiten und Möglichkeiten der anderen Person eingeschränkt werden, die Situation zu kontrollieren.	Ihre starke Ergebnisorientiertheit und Ihr deshalb nur geringes Interesse an einer angenehmen Atmosphäre.	Ihre Angewohnheit, sich keine Zeit zum Zuhören zu nehmen. Dass Ihnen Ihre Zeit wichtiger ist als eine Beziehung.	Ihr schnelles Tempo und daraus folgende mangelnde Gründlichkeit. Ihre große Risikobereitschaft.
I	Ihre mangelnde Zielorientiertheit. Ihre zu stark emotionalen Reaktionen und Ihre Redseligkeit.	Ihr Streben nach Aufmerksamkeit, vor allem, wenn Sie dadurch die Aufmerksamkeit für die andere Person schmälern.	Die Oberflächlichkeit vieler Ihrer Beziehungen. Ihr schnelles Tempo.	Ihr mangelndes Interesse am Detail. Ihre impulsiven Reaktionen.
S	Ihre Abneigung gegenüber Veränderungen und Ihre Tendenz zur Unentschlossenheit.	Ihr langsames Tempo und mangelnder Enthusiasmus.	Ihre mangelnde Initiative, besonders, wenn deshalb die andere Person die Initiative ergreifen muss.	Dass Ihnen Beziehungen und Menschen wichtiger sind als die Aufgabe.
G	Ihr langsames Tempo und methodisches Vorgehen. Ihre geringe Risikobereitschaft.	Ihre Detailorientiertheit und Ihre mangelnde Spontaneität.	Ihre Tendenz, der anderen Person nicht zu zeigen, wie es Ihnen wirklich geht.	Ihr Streben, Dinge genauer und korrekter zu tun, als es die andere Person kann.

Konfliktbereiche identifizieren

Diese Tabelle ist natürlich mit Vorsicht zu genießen. Wenn man eine solche Übersicht vor sich hat, liegt die Versuchung nahe, die gesamte Menschheit (oder wenigstens einige Ihrer Bekannten, mit denen Sie in letzter Zeit Schwierigkeiten hatten) sauber und ordentlich in die sechzehn Felder einzuordnen. Gerade das geht aber nicht. Konflikte entzünden sich immer an ganz bestimmten Situationen, und niemand kann wirklich vorhersagen, wie ein Mensch in einer bestimmten Situation reagieren wird. Es stimmt schon, dass ein Mensch in vielen Situationen zu einer bestimmten Verhaltensweise neigt. Sonst hätte es ja auch keinen Sinn, davon zu sprechen, dass wir einen Menschen „kennen". Denn damit beschreiben wir nicht nur, ob er rotes Haar hat und gut Klavier spielen kann, sondern auch, ob er eher pingelig ist oder großzügig über Einzelheiten hinwegsieht. Ob er meistens den Ton angibt oder lieber den Fußstapfen eines anderen folgt. Bei manchen Menschen überrascht es uns gar nicht, wenn sie sich spontan entscheiden, morgen einmal einen Fallschirmsprung zu wagen. Bei anderen hätten wir niemals damit gerechnet. Aber gerade die Tatsache, dass uns Menschen manchmal überraschen, zeigt, dass „Persönlichkeit" keine starre Schablone ist. Sonst wäre das Leben ja auch ziemlich langweilig.

Bei dieser kurzgefassten Tabelle ist also ein wenig Vorsicht geboten. Wenn Sie das im Hinterkopf behalten, kann sie sich aber als wertvolle Hilfe erweisen.

Kapitel 14
Von Honig und Diamanten

Einander verstehen lernen

Bei den Beispielen in den letzten Kapiteln war es manchmal gar nicht so einfach zu entscheiden, welche der beiden beteiligten Personen denn nun Recht hatte. Manchmal benahmen sich auch beide so daneben, dass man als Außenstehender nur den Kopf schütteln könnte. Aber das ist hier gar nicht das Thema. Es geht beim persolog® Persönlichkeits-Modell nicht darum, wer Recht und wer Unrecht hat. Wobei das nicht bedeutet, dass es darauf gar nicht ankommt. Im Gegenteil: Manchmal muss man auch innerhalb von Gemeinden um die Wahrheit streiten. Zwar können die Verhaltensdimensionen D, I, S und G nicht bei der Entscheidung helfen, welche Meinung denn nun stimmt. Aber wer sich mit dem persolog® Persönlichkeits-Profil befasst, kann lernen, dem anderen im Zuge der Wahrheitsfindung nicht die Bibel um die Ohren zu schlagen, sondern auf ihn und seine Argumente zu hören. In den meisten Konflikten innerhalb von Gemeinden geht es auch gar nicht um letzte Wahrheiten. Viel öfter streitet man sich über die Farbe der Stuhlbezüge oder darüber, ob es zum Gemeindefest Erbsensuppe oder Grillwürstchen geben soll. Da geht es nicht um Wahrheiten, sondern um Bedürfnisse und verschiedene Sichtweisen.

Nehmen wir zum Beispiel noch einmal den Gemeindeleiter G., der mit dem Büchertisch der Gemeinde unzufrieden ist. Es ist völlig legitim, sich für einen aktuellen Büchertisch einzusetzen. Andererseits kann man Pastorin S. auch verstehen: Warum soll man einen treuen Mitarbeiter verletzen? Schließlich geht es in der Gemeinde doch um Menschen, nicht um Bücher.

Konfliktanalyse

Beim Konflikt zwischen den beiden kommen verschiedene Faktoren zusammen. Zunächst einmal haben die beiden unterschiedliche Bedürfnisse: Gemeindeleiter G. würde sich über einen Büchertisch mit aktueller christlicher Literatur freuen – zweifellos eine gute Sache. Pastorin S. setzt sich dafür ein, dass es den Menschen in ihrer Gemeinde gut geht – und auch das ist ein lohnendes Ziel, das man als verantwortlicher Mitarbeiter niemals aus den Augen verlieren darf. Zum Konflikt zwischen den beiden kommt es, weil keiner der beiden Beteiligten wirklich zuhört, wenn der andere seine Bedürfnisse äußert. Und weil er nicht zuhört, versteht er den anderen nicht wirklich und kann ihm auch nicht entgegenkommen.

Anpassungsfähigkeit trainieren

Und genau in diesem Entgegenkommen liegt das Geheimnis. Wer nicht lernt, in bestimmten Situationen auf andere Menschen einzugehen, muss sich nicht wundern, wenn er mit anderen nicht gut zurechtkommt. Allerdings kommt es dabei auf das richtige Maß an. Wer sich ständig anpasst, um den Bedürfnissen seines Gegenübers gerecht zu werden, zeigt kein eigenes Profil.

Beispiel vom Honig und Diamanten

Wenn man ein Glas Honig in ein Gefäß gießt, wird er das Gefäß vollständig ausfüllen, weil er sich perfekt an die Konturen anpasst. Die Frage „Welche Form hat Honig?" ist vollkommen sinnlos. Aus dem Glas ausgelaufener Honig hat keine bestimmte Form. Man sieht nur einen goldgelben Fleck auf dem Tischtuch. Manchmal verhalten sich Menschen wie Honig. Wenn sie einen Konflikt heraufziehen sehen, passen sie sich ziemlich schnell an die Konturen ihres Gegners an. Aber sie zeigen kein eigenes Profil. Wer auf diese Art Konflikten aus dem Weg geht, verleugnet damit seine eigenen Bedürfnisse. Auf die Dauer kann kein Mensch damit glücklich werden. Außerdem werden Konflikte so nicht gelöst, sondern nur auf unbestimmte Zeit verschoben. An einem Konfliktpartner, der wie Honig meine Form annimmt, kann ich mich nicht reiben, sondern nur schmutzig machen.

Dann gibt es allerdings auch Menschen wie Diamanten. Kein anderer Stoff ist so hart. Ein Diamant gibt nicht nach. Er behält seine Form. Man kann ihn nicht einmal ritzen, außer wenn man einen anderen Diamanten benutzt. Ein Mensch, der sich wie ein Diamant verhält, passt sich nicht an. Er geht nicht auf die Bedürfnisse des anderen ein. Manchmal treffen zwei solcher „Diamanten“ aufeinander. Selbst dann können sie nicht wirklich aufeinander eingehen, sondern sich nur Verletzungen zufügen.

Der Mittelweg ist in diesem Fall also wirklich golden. Es ist tatsächlich möglich, sein eigenes Profil zu zeigen und zu bewahren und doch auf den anderen einzugehen.

Anpassungs-strategien

Welche Schritte sind dazu nötig? In den ersten Kapiteln war schon davon die Rede, dass wir unsere eigenen Stärken und die des anderen im Blick haben sollten. Das gilt auch dann, wenn wir uns mit einem Konflikt auseinander setzen.

Erinnern Sie sich noch an das Fallbeispiel, in dem Frau I. den Raum für das Vorbereitungstreffen nett dekoriert hatte, um eine angenehme Atmosphäre zu schaffen? Als Pastor D. hereinplatzte, war es mit der angenehmen Stimmung plötzlich vorbei. Es gibt zwei Möglichkeiten, diese Sache zu sehen. Man kann auf die Schwächen der beiden Beteiligten blicken. Aus diesem Blickwinkel sieht es dann so aus, als ob Pastor D. die schöne Stimmung kaputtmachen will, während es Frau I. überhaupt nicht kümmert, was bei dem Treffen herauskommt – Hauptsache, es war nett, und alle gehen irgendwie glücklich nach Hause.

Diese Sichtweise verbaut allerdings die Möglichkeit, den Konflikt zu lösen. Viel produktiver ist es, wenn man sich die Stärken der Beteiligten vor Augen hält. Dann sieht die ganze Geschichte völlig anders aus: Pastor D. ist vor allem daran gelegen, dass der Gästegottesdienst gelingt. Er will sich nicht in langen Diskussionen verstricken, die zu nichts führen, und deshalb sorgt er dafür, dass der rote Faden nicht verloren geht. Und Frau I. will die Mitarbeiter zunächst einmal motivieren. Sie sollen sich von Anfang an wohl fühlen, damit sie auch wirklich Lust haben, bei der Vorbereitung des Gästegottesdienstes mitzuarbeiten.

Merken Sie etwas? Beide Beteiligten haben völlig berechtigte Anliegen. Allerdings haben sie nur ihre eigenen Bedürfnisse im Blick. Wenn sie lernen könnten, auch die des anderen zu sehen und auf sie einzugehen, wäre der Konflikt damit aus der Welt geschafft. Fünf Schritte sind dazu notwendig:

Fünf Schritte zur Anpassung

1. Schritt: *Beobachten*
Wie verhält sich der andere? Wie reagiert er in einer bestimmten Situation?
„So macht meine Freude dadurch vollkommen, dass ihr eines Sinnes seid, gleiche Liebe habt, einmütig und einträchtig seid. Tut nichts aus Eigennutz oder um eitler Ehre willen, sondern in Demut achte einer den anderen höher als sich selbst, und ein jeder sehe nicht auf das Seine, sondern auch auf das, was dem anderen dient.“ (Phil 2,2-4)

2. Schritt: *Verstehen*
Welche Bedürfnisse hat der andere eigentlich? Warum verhält er sich so und nicht anders?
„Jeder von uns lebe so, dass er seinem Nächsten gefalle zum Guten und zur Erbauung.“ (Röm 15,2)

3. Schritt: *Annehmen*
Der andere unterscheidet sich von mir. Gerade weil er nicht so ist wie ich, muss ich lernen, ihm mit einer positiven Einstellung zu begegnen.
„Nun aber hat Gott die Glieder eingesetzt, ein jedes von ihnen im Leib, so wie er gewollt hat. Wenn aber alle Glieder ein Glied wären, wo bliebe der Leib? Nun aber sind es viele Glieder, aber der Leib ist einer. Das Auge kann nicht sagen zu der Hand: Ich brauche dich nicht; oder auch das Haupt zu den Füßen: Ich brauche euch nicht.“ (1 Kor 12,18-21)

4. Schritt: *Nachdenken*
Warum kommt es in der Begegnung mit einem bestimmten Menschen immer wieder zu Spannungen? Wo genau liegen die Problembereiche?
„Darum lasst uns dem nachstreben, was zum Frieden dient und zur Erbauung untereinander.“ (Röm 14,19)

5. Schritt: *Anpassen*
Wie kann ich die Bedürfnisse des anderen ernst nehmen und auf sie eingehen?
„Alles nun, was ihr wollt, dass euch die Leute tun sollen, das tut ihnen auch!“ (Mt 7,12)

Auf dem Papier sehen diese fünf Schritte einfach aus. Im richtigen Leben ist das natürlich ein bisschen schwieriger. Aber es lohnt sich, einfach einmal mit dem ersten Schritt anzufangen.

Vielleicht haben Sie nun einen Konflikt vor Augen. Versuchen Sie auf dieser Seite Ihren Konflikt zu beschreiben und mit Hilfe Ihres Wissens über das Persönlichkeits-Modell eine Lösung für Ihren Konflikt zu erarbeiten. Dabei sollte Ihnen vor Augen stehen, dass das Wissen über die Verhaltensdimensionen D, I, S und G zu einem angemesseneren Umgang von Menschen beitragen kann – die geistliche Dimension (mangelnde Bruderliebe ...) eines Konfliktes kann mit dem Modell nicht bearbeitet werden. Die Dimension Vergebung kann man einzig und allein durch Jesus Christus erfahren.

Kapitel 15
Diskutieren – DISGutieren

Theologische Konflikte und D-I-S-G

Wie gesagt: Die meisten Konflikte unter Christen drehen sich eigentlich um persönliche Bedürfnisse. Aber nicht alle, oft spielen auch handfeste theologische Fragen ein Rolle. Eines der bekanntesten Beispiele aus der Kirchengeschichte ist die Reformation, die zur Entstehung verschiedener protestantischer Kirchen und Gemeinschaften führte. Und heute entzündet sich der Streit am gemeinsamen Abendmahl, gerade weil man sich darum bemüht, wieder näher zusammenzukommen. Hier kann das persolog® Persönlichkeits-Profil nicht helfen. Denn erstens sind Kirchen und christliche Gemeinschaften keine Personen und haben deshalb auch kein Persönlichkeitsprofil.

Durch Untersuchungen wurde bereits nachgewiesen, dass man bestimmte Kirchen nicht auf bestimmte Persönlichkeitsprofile festlegen kann. Die Verhaltenstendenzen der Gemeindemitglieder sind quer durch alle Kirchen und Gemeinden so bunt gemischt, wie man es sich nur wünschen kann. Zweitens geht es bei diesen Fragen nicht in erster Linie um persönliche Bedürfnisse, sondern um handfeste theologische Argumente. Beim Abendmahl beispielsweise fragt man sich, was genau passiert, wenn Brot und Wein gereicht werden. Und für diese Art von Fragen ist dieses Modell einfach nicht zuständig. Hin und wieder brechen auch innerhalb einer Ortsgemeinde – vor allem in Freikirchen – Streitigkeiten um theologische Fragen auf. Dürfen Frauen auf der Kanzel etwas sagen? Wie können Charismatiker und Nicht-Charismatiker in einer Gemeinde zusammenleben?

Im Grunde sind das alles Fragen, die mit dem Bibelverständnis zusammenhängen. Und auch dazu hat das Modell nichts weiter zu sagen. Allerdings treffen in einer Ortsgemeinde immer einzelne Menschen aufeinander, die über diese Fragen diskutieren, keine Organisationen. Und auch wenn diese Menschen sich mehr oder weniger sachlich über Argumente austauschen, spielen dabei immer gleichzeitig Gefühle und Bedürfnisse mit. Es fällt nicht leicht, diese beiden Bereiche sauber auseinander zu halten. Genau das muss man aber versuchen. Ob ein Argument richtig oder falsch ist, hat natürlich nichts mit den Bedürfnissen zu tun, die dahinter stehen. Um das herauszufinden, sollte man ein Gemeindeseminar oder eine Reihe von Bibelstunden veranstalten.

Das persolog® Persönlichkeits-Modell hier als Waffe einzusetzen wäre fatal. Natürlich kann man seinem lieben Mitbruder an den Kopf werfen: „Du wehrst dich ja nur gegen Frauen auf der Kanzel, weil du die Bibel durch die gewissenhafte Brille liest.“ Aber diese vermeintliche Enthüllung geht meilenweit am Ziel vorbei. Erstens stimmt sie mit großer Wahrscheinlichkeit nicht. Zweitens trägt sie überhaupt nichts dazu bei, die Sachfrage zu klären. Und drittens soll das Modell es ja ermöglichen, aufeinander zu hören und miteinander ins Gespräch zu kommen. Das persolog® Persönlichkeits-Profil als Schlagstock zu gebrauchen, trägt nicht dazu bei.

Verständnis füreinander erzielen

Trotzdem kann das Modell auch bei Konflikten helfen, in denen es um handfeste Meinungsunterschiede geht. Und zwar, weil es den beteiligten Konfliktpartnern hilft, überhaupt zu verstehen, warum der andere so reagiert, wie er reagiert. Das ermöglicht es, auf den anderen einzugehen und ihm zu zeigen, dass man seine Sichtweise versteht, selbst wenn man anderer Meinung ist. Leider gibt es dafür keine Regeln. Denn bestimmte Haltungen sind nicht mit bestimmten Verhaltenstendenzen verknüpft. Wer sich gegen das gemeinsame Abendmahl von Katholiken und Protestanten ausspricht, ist nicht automatisch dominant (weil er diese Haltung nicht hinterfragt), initiativ (weil er seine Meinung öffentlich kundtut und andere Menschen davon überzeugen will), stetig (weil ihm die Zeit für eine neue Abendmahlspraxis noch nicht gekommen scheint) oder gewissenhaft (weil er sich an bestimmte Vorschriften klammert). Und wer sich für das gemeinsame Abendmahl einsetzt, ist ebensowenig automatisch dominant (weil er sich ohne Rücksicht auf Traditionen und

Empfindlichkeit dafür einsetzt), initiativ (weil er Neuland betritt), stetig (weil er Menschen verschiedener Konfession zusammenbringen möchte) oder gewissenhaft (weil er nach dem Bibelstudium zur Überzeugung gekommen ist, dass Jesus nur ein einziges Abendmahl eingesetzt hat).

Also: Vorsicht ist geboten. Aber auch bei Konflikten, in denen es um den Austausch von handfesten Argumenten geht, sind immer verschiedene Sichtweisen und Bedürfnisse im Spiel. Deshalb gelten auch hier die fünf Schritte aus dem letzten Kapitel, um einen Konflikt zu entschärfen: *Beobachten, verstehen, annehmen, nachdenken, anpassen.*

Kapitel 16
Ich will so bleiben, wie ich bin ...

Sich selbst besser verstehen lernen

Jeder Mensch hat seine Macken, und es zeugt von einer realistischen Einschätzung, wenn man Fehler nicht nur bei anderen, sondern auch bei sich selbst wahrnimmt. Wer sich selbst gegenüber ehrlich ist, wird kaum sämtliche Aspekte seiner Persönlichkeit zu schätzen wissen. Manche fühlen sich in Beruf, Familie oder Gemeinde überfordert. Dauernd haben sie das Gefühl, dass sie mit Aufgaben konfrontiert werden, die sie eigentlich nicht lösen können, obwohl man das von ihnen erwartet. Manche glauben, dass sie mit ihren Ideen und Vorschlägen ständig gegen eine Wand laufen. Man nimmt sie einfach nicht ernst. Andere leiden darunter, dass sie nervös werden, wenn sie vor mehr als zehn Menschen etwas sagen sollen. Und dann gibt es zum Beispiel Menschen, die mit sich unzufrieden sind, weil sie alles auf den letzten Drücker erledigen. Die Liste lässt sich beliebig fortsetzen, und wahrscheinlich sind Ihnen auch gerade ein oder zwei Punkte eingefallen, die Ihnen an sich selbst nicht sonderlich gefallen.

Dass wir den einen oder anderen Charakterzug an uns nicht sonderlich schätzen, ist ganz normal. Genau genommen ermöglicht es uns sogar erst, mit anderen Menschen zusammenzuleben. Denn wenige Menschen sind unausstehlicher als die, die von sich glauben, sie seien fehlerfrei und vollkommen.

Aber mitunter kann diese durchaus realistische Einschätzung meiner Fehler dazu führen, dass ich mich selbst nicht mehr annehmen kann.

Wir reden hier nicht von psychischen Erkrankungen – in solchen Fällen ist fachmännische Hilfe nötig –, sondern von der ganz alltäglichen Erfahrung, dass ich mit mir unzufrieden bin. Das ist dann so, als würde sich ein einzelner Charakterzug – etwa mein Hang, alles auf den letzten Drücker zu erledigen –, selbstständig machen und meine ganze Persönlichkeit überdecken.

Gott ist immer schon da

Psalm 139

Niemand kennt mich besser als Gott selbst, der mich geschaffen hat. Ganz egal, welche dunklen oder schwierigen Seiten ich an mir entdecke – er weiß bereits Bescheid. „Wohin soll ich gehen vor deinem Geist und wohin soll ich fliehen vor deinem Angesicht? Führe ich gen Himmel, so bist du da; bettete ich mich bei den Toten, siehe, so bist du auch da. Nähme ich Flügel der Morgenröte und bliebe am äußersten Meer, so würde auch dort deine Hand mich führen und deine Rechte mich halten.“ So drückt es David in Psalm 139 aus. Dass Gott mich durch und durch kennt, hat allerdings nichts Bedrohliches an sich. Gott ist der liebende Vater, der seinem endlich zurückgekehrten Sohn entgegenläuft und ihn in die Arme schließt.

Auch als Christen fühlen wir uns nicht immer von Gott geliebt und angenommen. Nun ist auf Gefühle nicht immer Verlass. Wenn ich nicht spüre, dass Gott wirklich mein liebevoller Vater ist, liegt das nicht daran, dass dieser Satz zu allgemein, zu vage und zu schwach ist. Im Gegenteil: Gottes Liebe ist so unglaublich stark, dass wir es fast nicht aushalten können. Manchmal, an bestimmten Knotenpunkten unserer Biografie oder auch im Gebet, spüren wir vielleicht ganz eindrücklich und hautnah, dass Gott uns liebt. Manche Christen erleben das oft, andere seltener. Aber eigentlich sind wir darauf angewiesen, die Liebe auch im kleineren, menschlicheren Maßstab zu erleben. Das geschieht dann, wenn sich die Liebe Gottes in den Menschen um uns herum widerspiegelt. Eigentlich ist die Gemeinde der ideale Ort dafür. So war Gemeinde gedacht: eine Gruppe von Menschen, die die Gnade Gottes so verändert, dass sie miteinander liebevoll umgehen. Allerdings hat das schon zur Zeit des Neuen Testaments nicht so recht geklappt, wie ein Blick in die Bibel zeigt. Wenn ich keine Wertschätzung erfahre, ist es kein Wunder, wenn auch meine Selbstachtung in den Keller sinkt. Ob ich mich selbst mag oder nicht, hängt natürlich auch davon ab, ob ich Liebe erfahre oder nicht. Und es hängt davon ab, ob ich die Menschen um mich herum Wertschätzung und Liebe spüren lasse oder nicht. Wer anderen keine Nächstenliebe entgegenbringt, hat oft auch Schwierigkeiten, sich selbst zu lieben.

Ich muss nicht bleiben, wie ich bin

Veränderungsprozesse beginnen

Das ist die gute Nachricht: Gott kann mich verändern! Wenn ich mich von seiner Liebe anstecken lasse, bleibt in meinem Leben nichts mehr beim Alten. Und das hat auch Auswirkungen auf mein Verhältnis zu anderen und zu mir selbst. Auch damit haben die Verhaltensdimensionen D, I, S und G etwas zu tun. Vielleicht verwundert Sie das ein wenig – schließlich ist es Gott, der einen Menschen verändern kann und nicht ein System bestimmter Reaktionsmuster. Aber das Persönlichkeits-Modell ist kein Heilmittel, sondern ein Instrument zur Diagnose. Es kann Ihnen sagen, an welchen Reaktionen sich Konflikte – mit anderen und mit Ihnen selbst – entzünden. Und es kann Ihnen sagen, wie man anders reagieren könnte, um solche Konflikte zu vermeiden und zu lösen. Das bedeutet im Grunde, dass Sie Ihre Stärken entwickeln. Aber ob Sie sich wirklich ändern wollen, ist Ihnen überlassen. Und nach wie vor ist es Gott, der Veränderungen wirklich ins Rollen bringt.

Wie kann sich diese Veränderung im Einzelnen bemerkbar machen? Das sieht natürlich bei jedem Menschen anders aus. Auf den folgenden Seiten finden Sie mögliche Tipps für alle vier Verhaltensdimensionen.

Kapitel 17

Wie man es besser machen kann

1. Detaillierte Daten für Dominante

Veränderungspotenzial

Wer oft dominant reagiert, hat viele Stärken: Er kann schnell Entscheidungen treffen, wenn Not am Mann ist. Er weiß die richtigen Hebel in Bewegung zu setzen, wenn etwas getan werden muss. Und genau im Schatten dieser Stärken verbergen sich die Schwächen, die zu Konflikten mit anderen Menschen führen können.

Zuhören lernen

Wer schnelle Entscheidungen trifft, hat möglicherweise nicht alle Argumente durchdacht. Dabei haben die anderen die betreffende Angelegenheit womöglich schon von allen Seiten betrachtet und warten nur darauf, ihre Meinung zu äußern.

Erster Tipp also: Zuhören lernen!

Das bedeutet zunächst einmal: Ein Mensch mit einer dominanten Verhaltenstendenz muss lernen, sich Zeit zu nehmen. Das ist keine einfache Übung. Viele von Ihnen werden schon Mitarbeitertreffen in der Gemeinde erlebt haben, die sich hinziehen, ohne dass das Ende in Sicht ist, man kommt vom Hundertsten ins Tausendste.

Man muss keine dominante Verhaltenstendenz aufweisen, um sich in solch einer Situation nach dem heimischen Wohnzimmer zu sehnen.

Aber für Dominante sind endlose Diskussionen eine besonders harte Prüfung. Manchmal sind sie auch unnötig: Wenn der Gemeindevorstand beschließt, drei Kostenvoranschläge für Reparaturen einzuholen, ist dazu im Grunde nichts weiter zu sagen. In diesem Fall kann man nur dankbar dafür sein, wenn jemand kurz und bündig darauf hinweist, dass alles Nötige getan wird.

Miteinander reden lernen

Aber in manchen Fällen sind solche Diskussionen eben doch nötig, vor allem wenn es nicht um Kostenvoranschläge, sondern um Menschen geht. Hin und wieder muss sich der Gemeindevorstand mit Personalfragen befassen. Wenn dann über hauptamtliche Mitarbeiter diskutiert wird – also Geld im Spiel ist –, stehen für den Betreffenden nicht nur Gefühle und subjektive Bedürfnisse auf dem Spiel, sondern die berufliche Existenz. Da ist es nicht zuviel verlangt, wenn man das Arbeitszeugnis mit ihm durchspricht, statt es in zehn Minuten allein zu schreiben. Ganz abgesehen davon, dass sich in diesem Fall leicht sachliche Fehler und völlig unbegründete Fehlurteile einschleichen.

Andere Meinungen zulassen

Ein Punkt ist für Dominante besonders schwierig: andere Meinungen zuzulassen. Natürlich ist es völlig in Ordnung, wenn ich von meiner Meinung hundertprozentig überzeugt bin. Sonst wäre es ja nicht meine Meinung, sondern die eines anderen. Aber Hand aufs Herz: In Wirklichkeit ist es nicht so, dass ich immer Recht habe. Gute Vorschläge stammen auch manchmal von anderen. Vor allem, wenn diese sich gründlicher mit der Materie befasst haben als ich und Aspekte sehen, die mir völlig entgangen sind.

Also: Wer anderen zuhört und auch Gedanken gelten lässt, die er sich nicht selbst ausgedacht hat, tut nicht nur den anderen einen Gefallen, sondern auch sich selbst.

Unterstützung bieten

„Frau Meier, bis spätestens 15.00 Uhr müssen alle Unterlagen, die unsere Gemeindegeschichte zwischen 1750 und 1800 betreffen, fix und fertig auf meinem Schreibtisch liegen." – Wenn die Sekretärin schon lange im Gemeindebüro arbeitet (und ihren Chef kennt), weiß sie vielleicht, wie sie die Aufgabe so angeht, dass der Pastor zufrieden ist. Ansonsten wäre etwas mehr Hilfestellung angebracht. Warum sagt der

Pastor nicht, was er vorhat? Braucht er nur ein paar Zahlen? Oder hat er auf einmal Lust bekommen, für den Heimatverein eine Geschichte seiner Kirchengemeinde zu verfassen? Weiß er vielleicht sogar, wo man die mittlerweile ziemlich verstaubten Akten auftreiben kann? Wenn ja, dann kostet es ihn nur ein paar kurze Sätze, der Sekretärin auf die Sprünge zu helfen. Er kann nicht davon ausgehen, dass die Sekretärin seine Gedanken lesen kann und schon irgendwie weiß, was er will. Vielleicht gehören Sie zu denjenigen, die ihre Anweisungen bewusst knapp halten, um Zeit zu sparen. Dann probieren Sie es doch einmal mit etwas ausführlicheren Erläuterungen – es könnte sogar schneller gehen, wenn Ihre Mitarbeiter genau begreifen, was Sie eigentlich wollen!

Offenheit und Wärme

Dominant reagieren heißt zielbewusst arbeiten. Möglicherweise finden Sie, dass ein bisschen Small Talk zu Anfang eines Mitarbeitertreffens nicht dazugehört und nur vom Eigentlichen ablenkt. Das mag für Sie tatsächlich gelten, aber es gibt auch andere Menschen, die erst dann so richtig in Arbeitsstimmung kommen, wenn vorher auch das eine oder andere Persönliche ausgetauscht wurde. Und das ist gar nicht so schlecht. Versuchen Sie es einfach einmal. Auf jeden Fall tun Sie damit anderen Menschen, die einen anderen Arbeitsstil haben, einen Gefallen. Und vielleicht gefällt es Ihnen ja sogar selbst.

Aber es geht nicht nur um den Small Talk. Gerade in der Gemeinde stehen nicht Bilanzen und Projekte, sondern Menschen mit ihren Gefühlen und Gedanken im Vordergrund – Menschen, die von Gott geliebt werden. Menschen, die in der Gemeinde angenommen und angehört werden wollen. Probieren Sie doch einmal aus, wie man sich um die Seelen anderer sorgen kann! Oder wie es ist, wenn Sie anderen mitteilen, wie es Ihnen selbst geht. Keine Angst: Sie müssen nicht im Gottesdienst aufstehen und Ihre geheimen Gedanken und Wünsche bekennen. Der Gedanke würde sogar Menschen mit stetigem oder initiativem Verhalten abschrecken. Aber erlauben Sie guten Freunden einen kleinen Einblick, damit diese wissen, wie es Ihnen geht – nicht wie weit Ihr Projekt fortgeschritten ist.

Geduld

Geduld ist eine gute biblische Tugend. Für dominante Menschen vielleicht besonders interessant: Sie ist auch unglaublich effektiv. „Mit Geduld wird ein Fürst überredet, und eine linde Zunge zerbricht

Knochen", heißt es in Sprüche 25,15. Mit dem Knochenbrechen sollten Sie lieber noch etwas warten, aber Sie könnten ja morgen schon einmal üben, Ihren Vorgesetzten umzustimmen. Zugegeben: Geduld ist nicht ganz leicht zu lernen. Vor allem braucht man dazu – Geduld. Ein echtes Gebetsanliegen also. Wenn Sie tatsächlich mehr Geduld bekommen, wird es Ihnen Ihre Umwelt danken. Und Sie selbst werden auch etwas davon haben. Zum Beispiel, weil Sie interessante Ideen zu hören bekommen, bei denen Sie früher gleich abgewinkt hätten.

Vertrauen statt Kontrolle

„Wenn man nicht alles selbst macht ..." Kennen Sie diesen Stoßseufzer? Es gibt keine statistischen Untersuchungen, aber ich vermute, dass er in mindestens der Hälfte aller Fälle nicht zutrifft. Denn wenn ein anderer eine bestimmte Aufgabe erledigt, wird er das zwar nicht genauso tun, wie ich es getan hätte, aber das Ergebnis kann durchaus genauso gut sein. Die Gemeinde lebt nicht davon, dass alles so läuft, wie ich es mir vorstelle. Sie lebt davon, dass Jesus Christus in ihr gegenwärtig ist.

Trotzdem, und das zu Ihrer Beruhigung, kann es ganz gut sein, hin und wieder mal nachzufragen (wenn es zu Ihrem Aufgabenbereich gehört). Sonst sitzen Sie eines Sonntags tatsächlich ohne Prediger und Organisten da, weil sich keiner um den Dienstplan gekümmert hat, während es durchs Dach regnet und die Heizung wieder mal kaputt ist.

2. Interessante Ideen für Initiative

Veränderungspotenzial

Wer oft initiativ reagiert, hat viele Stärken: Er kann andere mitreißen und begeistern. Er kennt hunderttausend Leute und kann schnell Kontakte knüpfen. Eine Begegnung mit einem Menschen, der eine initiative Verhaltenstendenz aufweist, ist nie langweilig. Irgendwie springt der Funke über. Und genau im Schatten dieser Stärken verbergen sich die Schwächen, die zu Konflikten mit anderen Menschen führen können.

Tempo verringern

„Der kann reden wie ein Wasserfall" – so etwas sagt man wohl meistens über Menschen mit initiativem Verhaltensstil. Ein Wasserfall kann ja in der Tat eine Menge mitreißen. Der Haken an der Sache: Es geht alles viel schneller, als einem lieb ist. Wer sich auf eine beschauliche Bootstour eingerichtet hat, legt lieber vor dem Wasserfall an, schleppt das Boot ans Ufer und trägt es dann am Wasser entlang nach unten. Und bei Mitarbeitersitzungen, in denen ein Initiativer das Wort ergreift, ist es nicht anders. Kein Wunder, dass mancher bei dem Tempo nicht mitkommt! Das macht aber nichts. Ob man sich todesmutig den Wasserfall hinabstürzt oder das Hindernis lieber „umträgt“: Man kommt so oder so unten an. Und sicherer ist es allemal, den langsamen Weg zu wählen.

Deshalb der erste Tipp für Menschen mit initiativer Verhaltenstendenz: Lieber einen Gang zurückschalten. Das tut den anderen gut – und Ihnen vielleicht auch.

Emotion und Theatralik

Initiativ reagieren heißt auch emotional reagieren. Das hat seine guten Seiten. Schließlich gehören Gefühle zum Menschsein dazu. Gefährlich wird es, wenn man übertreibt, unter anderem deswegen, weil man mit zur Schau gestellten Gefühlen Menschen zu Entscheidungen drängen kann, die sie eigentlich gar nicht treffen wollten. Wenn so etwas geschieht, war die ganze Überzeugungsarbeit vergebens. Ein bisschen Dramatik kann ganz hilfreich sein, wenn man Menschen bewegen will. Es schadet nichts, wenn man seinen Zuhörern eine Situation in lebendigen Farben ausmalt, damit sie sie lebendig vor sich sehen. Aber zuviel ist ungut.

Aktionismus

Ein Ameisenhaufen ist eine wunderbare Sache: Alle Ameisen wuseln herum, tragen etwas in den Ameisenhaufen hinein oder wieder hinaus. Aber die Hauptsache ist: Alles passt zusammen, alles ist aufeinander abgestimmt. Ameisen liegt es in den Genen, dass sie immer das Richtige tun. Das ist in einer Gemeinde anders. Wenn alle herumwuseln, heißt das noch lange nicht, dass dabei auch etwas Vernünftiges herauskommt. Und deshalb ist Geschäftigkeit auch kein Wert an sich. Wer initiativ denkt, muss diesen Gedanken erst einmal verdauen. Er sieht es gern, wenn alle motiviert an der Arbeit sind – ganz egal, was sie nun im Einzelnen tun. Hauptsache, alle sind glücklich.

Hin und wieder mag das sogar richtig sein. Aber wenn die Gemeinde zum Beispiel eine missionarische Großveranstaltung vorbereitet, kommt es darauf an, dass auch die Arbeit erledigt wird, die tatsächlich anliegt.

Dann ist es gut, wenn die Ergebnisse von Zeit zu Zeit überprüft werden. Haben sich einige Jugendliche bereit erklärt, für die Dekoration zu sorgen? Dann muss man nachschauen, ob sie auch wirklich rechtzeitig fertig werden und die Dekorationsgruppe nicht zu einem Selbsterfahrungskurs für abstrakte Malerei wird. Leistungen und Ergebnisse sind nicht alles, aber manchmal sind sie notwendig.

Durchhaltevermögen

Was gefällt Menschen mit initiativer Verhaltenstendenz am besten? Kurze, knackige Projekte, die schnellen Erfolg versprechen: Gästegottesdienste, Feste, Gemeindeflohmärkte und so weiter. Aber die meisten Arbeitszweige in der Gemeinde sind auf Dauer angelegt: vom sonntäglichen Gottesdienst (der schon seit fast zweitausend Jahren Woche für Woche gefeiert wird) über die normalen Gruppenstunden bis hin zur Pflege von Haus und Grundstück. Aus der Sicht eines Initiativen weisen solche Arbeiten zwei Nachteile auf: Sie sind langweilig, und außerdem steht man als Mitarbeiter dort selten im Rampenlicht. Kaum jemand bricht beim Betreten der Kirche in Jubelschreie aus, weil dort wieder alles sauber geputzt ist. Aber das ist kein Grund, sich bei solchen langfristigen Projekten nicht zu engagieren. Keine Angst: Es geht nicht darum, dass Sie in der Gemeinde eine Arbeit übernehmen, die Ihnen völlig gegen den Strich geht. Dass sie beispielsweise mithelfen, eine Zwischendecke in einem Gemeinderaum einzuziehen, obwohl sie Ihnen bereits auf den Kopf gefallen ist, als Sie das Gleiche zu Hause versucht haben. Aber es dreht sich darum, dass Sie einen längeren Atem bekommen, denn das gehört zu Ihrem Wachstumsprozess dazu.

Zuhören

In manchen Gartenteichen findet man kleine Brunnen, aus denen tagein, tagaus Wasser sprudelt. Das fließt in den Teich zurück und wird von dort wieder hochgepumpt, um dann wieder herauszusprudeln – tagein, tagaus. Ein sehr selbstgenügsames System – und manchen Initiativen geht es ähnlich. Sie reden und reden. Dafür brauchen sie ein Publikum, das ihre Worte dankbar auffängt. Aber dann fließen diese Worte auch wieder ins Ohr des Redners zurück. Ganz Ohr sein reicht also nicht. Es kommt darauf an, dass man nicht nur sich selbst, sondern auch anderen sein Ohr leiht. Oft ist dabei gar kein böser Wille im Spiel. Der Initiative ist so voll von eigenen Ideen und Vorstellungen, dass ihm der Mund überfließt. Das ist ein großes Geschenk. Aber andere Menschen haben auch Ideen, oder sie bringen Zweifel, Bedenken und Kritik an

– Dinge, die man nicht so gerne hört. Aber gerade diese Dinge können zum Gelingen eines Projektes entscheidend beitragen. Noch ein anderer Punkt spielt dabei eine Rolle: In der Gemeinde werden nicht nur Projekte veranstaltet, sondern Beziehungen gelebt. Damit diese Beziehungen wirklich mit Leben erfüllt werden, darf man sich nicht auf Small Talk beschränken, sondern muss wirklich am anderen Anteil nehmen. Was beschäftigt den anderen gerade? Womit hat er zu kämpfen? Worüber hat er sich in dieser Woche gefreut?

Gerade überschaubare Hauskreise können einen wunderbaren Rahmen dafür bieten – wenn sich alle Zeit nehmen, aufeinander zu hören und wirklich miteinander ins Gespräch kommen.

Details bearbeiten

Für den Initiativen zählt die große Geste. Einzelheiten sind dagegen nicht sonderlich interessant. Das Problem dabei: Sobald man sich mit einer Aufgabe beschäftigt, kommen immer Einzelheiten ins Spiel. Zum Beispiel bei einem Gemeindefest: Wie soll die Dekoration aussehen? Wie viel Material brauchen wir? Wie viel Geld können wir ausgeben? Welche Spiele suchen wir aus? Wer bereitet das vor? Wie sieht der Ablauf des Nachmittags genau aus? Und so weiter. Wer sich nicht darauf einlässt, sich mit Details auseinanderzusetzen, wird schwer etwas Gutes zustande bringen. Nun gibt es in der Gemeinde immer Menschen, die mit Begeisterung Aufgaben erledigen, die einen Blick fürs Detail erfordern. Initiative Menschen gehören allerdings in der Regel nicht dazu. Wenn Sie selbst initiativ reagieren: Warum versuchen Sie nicht einfach einmal, Ihren Blick fürs Detail zu schärfen? Das kann Ihnen nur gut tun – und außerdem entlasten Sie damit Mitarbeiter, die sich sonst für den „Kleinkram“ verantwortlich fühlen und sich wahrscheinlich hin und wieder im Stillen ärgern.

3. Stichhaltige Standpunkte für Stetige

Veränderungspotenzial

Wer oft stetig reagiert, hat viele Stärken: Man kann sich auf ihn verlassen. Man muss ihn nicht lange überreden, wenn es eine Aufgabe gibt. Er ist jemand, der sich um andere Menschen kümmert. Er kann in einem Streit vermitteln und in einer gespannten Atmosphäre das richtige Wort finden. Er kann Menschen vor übereilten Entscheidungen bewahren.

Konfliktbereitschaft lernen

Und genau im Schatten dieser Stärken verbergen sich die Schwächen – und das sind gerade die, die zu Konflikten mit anderen Menschen führen können. Wer oft stetig reagiert, leidet, wenn gestritten wird. Und das ist gut so. Denn manchmal geht es in der Gemeindeversammlung so hoch her wie im Bundestag bei der Vorstellung des Haushaltes. Dann vergessen die Nachfolger Jesu, miteinander in Liebe umzugehen. Allerdings ist die auf den ersten Blick friedliche Atmosphäre, wie sie einst in der Volkskammer der DDR herrschte, auch kein Idealzustand. Denn dort wurden kritische Fragen einfach ausgeklammert. Und genau hier liegt die Gefahr: Kritik nicht zuzulassen und sich über offensichtliche Probleme nicht zu unterhalten, bedeutet nichts anderes, als die Wirklichkeit auszublenden. Mit dieser Haltung könnten sich Menschen mit stetiger Verhaltenstendenz ganz gut anfreunden. Sie sind ganz gewiss keine Streithähne, sondern allenfalls schüchterne Streithühnchen.

Nur werden offene Fragen damit nicht gelöst. Was unter den Teppich gekehrt wird, bleibt dort liegen. Die Apostelgeschichte erzählt, dass auch in der jungen Gemeinde viel gestritten wurde. Meistens ging es um eine einzige Frage: Wie sollen wir es mit der jüdischen Tradition halten? Sind die alten Vorschriften auch für die Menschen verbindlich, die aus dem Heidentum zum Glauben kommen? Heute können wir dankbar sein, dass Paulus diese Fragen nicht einfach unter den Teppich gekehrt hat. Erstens hätte dieser Streit dann vielleicht noch zweitausend Jahre weiter geschwelt, und zweitens war Paulus völlig zu Recht der Meinung, dass das starre Festhalten an der jüdischen Tradition die Bedeutung des Evangeliums schmälern würde.

Tipp Nummer eins lautet also: Mut zum Streit!

Entscheidungen fällen

Entscheidungen brauchen Zeit. Man muss eine Sache von allen Seiten betrachten, alle Aspekte durchleuchten, alles auf Vorteile und Nachteile hin abklopfen. Niemand versteht das besser als ein Mensch mit stetiger Verhaltenstendenz. Aber Entscheidungen müssen schließlich auch getroffen werden. Genau hier liegt der Haken. Erstens verlangt die Situation manchmal schnelle Entscheidungen. Im Geschäftsleben geht es wahrscheinlich noch schneller zu als in der Gemeinde, aber auch hier kann man Entscheidungen nicht nach Belieben hinauszögern. Vielleicht muss man sich noch schnell entscheiden, ob man das

Gemeindehaus vor der Regenperiode streicht. Oder es ist gerade ein Konzerttermin frei geworden, und man muss möglichst innerhalb einer Woche entscheiden, ob man den Künstler bucht. Vielleicht sucht die Gemeinde auch nach einer Vakanz einen neuen Pastor. Wenn sich ein geeigneter Kandidat vorstellt, sollte man die Entscheidung nicht allzu lange hinauszögern.

Wer in solchen Situationen keine Entscheidung trifft, fasst in Wirklichkeit doch einen Entschluss – nämlich alles so zu lassen, wie es ist. Gerade für den Stetigen ist das eine große Versuchung. Denn Veränderungen bedeuten für ihn, dass er sich auf eine neue Situation einstellen muss, und das liegt ihm nicht. Es stimmt zwar: Es wird nicht alles automatisch besser, wenn man es verändert. Aber manchmal tun Veränderungen einfach gut. Zum Beispiel beim Heiraten. Es ist unbedingt ratsam, sich genau zu überlegen, ob (und wen) man heiraten möchte. Aber wenn man zu lange zögert, wird einem die Entscheidung ohne eigenes Zutun aus der Hand genommen. Warum also Chancen verpassen?

Nein sagen lernen

Menschen mit stetiger Verhaltenstendenz sollten sich ein großes NEIN auf den Badezimmerspiegel schreiben und jeden Morgen nach dem Zähneputzen üben. Nein sagen fällt ihnen schwer. Das hat eine gute Seite: Die Gemeinde lebt von Menschen, die nicht verlegen in die Ecke starren, wenn es etwas zu tun gibt. Aber die negativen Seiten liegen auf der Hand: Ganz schnell habe ich eine Reihe von Aufgaben übernommen, die mich eigentlich überfordern. Durchaus möglich, dass es sich gar nicht um große Dinge handelt: einmal im Monat den Kaffee nach dem Gottesdienst kochen, den Gemeindebrief abtippen und kopieren, gelegentlich Stühle und Tische stellen. Aber die Menge macht's. Und auf einmal merke ich, dass ich mich ausgenutzt fühle, weil ich abends schnell noch mal in die Gemeinde gehe, um fünfzig Stühle von der Empore in den Keller zu schleppen, nur weil sich kein anderer bereit erklärt hat. Natürlich soll es in der Gemeinde nicht nach dem Lustprinzip zugehen. Aber das betrifft eben auch die anderen.

Der zweite Punkt: Es kann durchaus passieren, dass ich auch Aufgaben übernehme, die meinen Gaben nicht entsprechen. Beim Stühle schleppen oder Abtrocknen wird das zwar kaum als Entschuldigung durchgehen, aber wenn es sich um Aufgaben wie Predigtdienst oder seelsorgerliche Begleitung dreht, kommt es entscheidend auf meine Gaben an. In diesem Fall habe ich das Recht, einfach Nein zu sagen. Allerdings klappt auch vieles beim ersten Versuch noch nicht so gut. Wer also grundsätzlich erst einmal Nein sagt, bringt sich auch um die Chance, die eine oder andere Gabe zu entdecken und einzuüben.

Aktiv sein

Menschen mit stetigem Verhalten sind oft ganz zufrieden, wenn jemand anders die Richtung vorgibt und sie einfach hinterherlaufen können. Und sie machen die Erfahrung, dass es funktioniert. Vieles im Leben ergibt sich ja einfach so. Aber es kann eine erstaunliche und befreiende Entdeckung sein, wenn man begreift, dass man auch selbst eine Sache ins Rollen bringen kann.

Manchmal geschieht es, dass in einer Gruppe niemand die Initiative ergreift. Alle sehnen sich förmlich danach, dass endlich einer aufsteht und einen Vorschlag macht. Das könnten Sie sein! Gott hat den Menschen nach seinem Bild geschaffen – und er hat uns einen Anteil von seiner Schöpferkraft mitgegeben. Zugegeben, wir können nichts aus dem Nichts erschaffen so wie Gott, aber Gott traut uns zu und erwartet von uns, dass wir unsere Welt gestalten. Wagen Sie doch einmal den Versuch und zeigen Sie Initiative!

Schnelligkeit

Schnelligkeit gehört kaum zu den Tugenden stetiger Menschen. Was sie (nicht zu Unrecht) für Gelassenheit halten, kann andere Menschen zur Weißglut treiben. Nun ist Schnelligkeit keine biblische Tugend, Hektik und Stress schon gar nicht. Aber darum geht es hier auch nicht. Manche Dinge kann man einfach schnell erledigen. Es gibt keinen Grund, sie auf die lange Bank zu schieben. Und dann sollte man das auch nicht tun. Das fördert erstens die Selbstdisziplin und stellt zweitens die Geduld unserer Glaubensschwestern und -brüder nicht unnötig auf die Probe!

Rückmeldung geben

„Also, Frau Meier, eigentlich würde Ihr Hut nur einer schlanken Frau so richtig gut stehen." – „Die Predigt haben Sie sich wohl noch auf dem Weg zur Kirche ausgedacht?" – „Bach hätte sich im Grab umgedreht, wenn er Sie heute an der Orgel gehört hätte." – Diese Art von direkter Kritik ist Menschen mit stetiger Verhaltenstendenz völlig fremd. Sie vermeiden es ganz bewusst, andere Menschen mit verletzenden Bemerkungen zu kränken. Wenn sie überhaupt etwas sagen, würden sie es viel vorsichtiger formulieren: „So einen Hut habe ich in dieser Saison ja noch nie gesehen." – „Ihre Predigt wirkte heute sehr frisch und spontan." – „Meinen Sie, dass die Orgel mal wieder überholt werden müsste?"

In diesen Fällen ist die diplomatische Kritik sicherlich die bessere Wahl – wenn man überhaupt etwas sagt. Aber das ist nicht immer so. Wenn wirklich wichtige Fragen zur Debatte stehen, kommt es auf klare Worte an. Denken wir nur einmal an die südafrikanischen Christen, die sich eindeutig gegen die Apartheid aussprachen. Oder an Martin Luther King, der sich bewusst weigerte, Gewalt anzuwenden, aber ganz gewiss kein Blatt vor den Mund nahm, wenn er das Unrecht beim Namen nannte. Und im kleineren Maßstab gilt das auch für die Gemeinde. Wenn jemand „nur fürs Gebet" üble Nachrede über andere Menschen verbreitet, ist diplomatische Kritik fehl am Platz, manchmal sind klare Worte notwendig.

Disharmonie akzeptieren

Menschen mit stetigem Verhalten orientieren sich eher an Menschen als an Aufgaben. Das kann dazu führen, dass ihnen Harmonie und eine angenehme Atmosphäre wichtiger sind als die Erledigung einer Aufgabe. So wichtig eine angenehme Atmosphäre ist – manchmal ist es noch wichtiger, ernsthaft an einer Aufgabe zu arbeiten.

Wenn sich ein Dutzend Mitarbeiter in der Gemeinde trifft, um einen Gästegottesdienst vorzubereiten, wartet Arbeit auf sie. Wichtige Arbeit, denn die Gemeinde will Menschen mit dem Evangelium erreichen. Wenn der Vorbereitungskreis aber nur mit dem Gefühl nach Hause geht, einen netten Abend verbracht zu haben, hätte man sich lieber im Biergarten treffen sollen.

4. Genaue Gebrauchsanweisung für Gewissenhafte

Veränderungspotenzial

Wer oft gewissenhaft reagiert, hat viele Stärken: Man kann ihm Aufgaben anvertrauen, die einen langen Atem erfordern und weiß, dass sie genau und fehlerfrei erledigt werden. Gewissenhafte Menschen kann man nach Fahrtrouten usw. fragen, man wird immer eine detaillierte Antwort bekommen. Und genau im Schatten dieser Stärken verbergen sich die Schwächen, die zu Konflikten mit anderen Menschen führen können.

Flexibler werden

Videorecorder zu programmieren gehört zu den eher komplizierten Dingen des Lebens. Umsichtige Menschen haben die Gebrauchsanleitung noch aufgehoben, und wenn sie großes Glück haben, gibt es neben der japanischen und tschechischen Fassung sogar eine deutsche. Die kann man Punkt für Punkt abarbeiten. Wenn man alles richtig macht, nimmt der Recorder sogar die richtige Sendung auf. Allerdings gibt es auch Menschen, die solche Anleitungen als Kleingeisterei abtun, egal ob sie Möbel aufbauen oder ein technisches Gerät in Gang setzen wollen. Gewissenhafte Menschen gehören in der Regel nicht dazu. Die Leute, die die Möbel vorfabriziert oder ein Elektrogerät gebaut haben, werden sich schon etwas dabei gedacht haben, oder?

Aber es gibt auch Situationen, für die es keine Gebrauchsanleitungen gibt. Schon beim Möbelaufbau kann es passieren, dass die Teile doch nicht so gut passen. Dann muss man improvisieren, hier vielleicht noch ein Loch nachbohren oder eine andere Schraube aus dem eigenen Bestand verwenden. Für den Umgang mit Menschen gilt das erst recht. Da gibt es keine Gebrauchsanweisungen. Menschen mit gewissenhaftem Verhalten stehen in der Versuchung, sich dann doch von irgendwoher eine Gebrauchsanleitung zu suchen. Das kann die Gemeindeordnung sein oder auch die Bibel. Aber hier wird es gefährlich. Denn die Bibel ist kein Buch voller starrer Regeln für alle nur denkbaren Situationen, sondern die Offenbarung des lebendigen Gottes, der sich liebevoll den Menschen zuwendet.

Der erste Tipp für Gewissenhafte lautet also: Für manche Situationen gibt es keine festen Regeln, auch wenn es auf den ersten Blick so aussieht. In dem Fall sollte man sich auch keine neuen Regeln ausdenken.

Intuition vertrauen

Manche Leute tanzen so, als hätten sie den Walzer in einem ausführlichen Fernkurs gelernt. Die Schritte stimmen schon, aber die Bewegungen wirken eckig und ungeschickt. Andere Paare dagegen wirbeln förmlich über das Parkett. Das sind die, die über die Schritte gar nicht mehr nachdenken müssen, weil sie sie intuitiv beherrschen.

Es kann gewissenhaften Menschen gut tun, nicht dauernd darüber nachzudenken, wie man sich in einer bestimmten Situation verhalten sollte, sondern einfach einmal einer inneren Eingebung zu folgen. Vertrauen Sie Ihrer Intuition! Finden Sie, jemand hätte ein kleines Geschenk verdient? Dann schenken Sie ihm einfach etwas. Haben Sie den Eindruck, es geht jemandem aus Ihrem Bekanntenkreis nicht gut? Fragen Sie ihn einfach. Manchmal ist das Leben gar nicht so kompliziert!

Eigene Bewertung überprüfen

Kennen Sie Murphys Gesetz? Es lautet so: „Alles, was schief gehen kann, geht auch schief." Menschen, die oft gewissenhaft reagieren, würden diesen Satz wahrscheinlich unterschreiben. Ich habe den Satz einer Frau im Ohr, die sehr häufig sagte, ganz egal worüber sie gerade sprach: „Und natürlich klappte das nicht." Dass alles schief geht, war für sie der natürliche Lauf der Dinge. Und wenn dann doch etwas funktionierte, grenzte das an ein Wunder. Allerdings hatte sie für diese Wunder gar keine Augen mehr – sie war zu sehr aufs Scheitern konzentriert.

Es geht hier gar nicht um einen bodenlosen Optimismus. Aber zu glauben, dass alles immer schief geht, ist genauso unbegründet wie die Annahme, dass alles immer glatt geht. Ganz wichtig dabei: Wir haben einen Gott, der zwar nicht alle Schwierigkeiten von uns fernhält, uns aber bei jedem Schritt begleitet. Und es ist der Gott, der über das ganze Universum herrscht. Es gibt also Grund genug, optimistisch zu sein!

Den Menschen nicht aus den Augen verlieren

Gewissenhaft reagieren heißt aufgabenorientiert arbeiten. Auf gewissenhafte Menschen kann man sich verlassen. Sie neigen dazu, genau und fehlerfrei zu arbeiten. Dabei haben sie auch Kleinigkeiten im Blick. Das hat viele gute Seiten. Wenn ein Mensch mit gewissenhaftem Verhalten die Gemeindekasse führt, kann man ziemlich sicher sein, dass der Abschluss am Ende eines Jahres wirklich stimmt. Fakten und Tatsachen im Blick zu haben ist auch nichts Schlechtes. Gefährlich wird es erst, wenn über den Fakten der Blick für die Menschen getrübt wird. Denn um Menschen geht es ja in der Gemeinde. Der Gemeindehaushalt etwa wird ja gerade deshalb aufgestellt, damit die Gemeinde ihre Aufgaben besser planen kann. Und diese Aufgaben haben alle mit Menschen zu tun.

Auch im Umgang miteinander kommt es darauf an, sich nicht nur auf Fakten zu konzentrieren. Wie gesagt: Nicht alle Menschen sind gleich gestrickt, und wenn Sie es als Mensch mit gewissenhafter Verhaltenstendenz mit anderen zu tun haben, die eher Beziehungen im Blick haben, kann es für beide Seiten recht anstrengend werden. Deshalb bedeutet es einen großen Schritt vorwärts für Sie, wenn Sie daran arbeiten, auch in dieser Beziehung auf andere Menschen einzugehen.

Risikobereitschaft

„Wer nicht wagt, der nicht gewinnt." Zwar steht dieser Satz nicht so in der Bibel, aber viele Geschichten des Alten und Neuen Testaments machen deutlich, dass es immer auch ein Wagnis bedeutet, sich auf Gott einzulassen. Abraham zum Beispiel ließ sein altes Leben hinter sich – allein auf das Wort Gottes hin. Paulus riskierte auf seinen Missionsreisen mehr als einmal sein Leben.

Unser Gemeindeleben dagegen dümpelt in vielen Fällen vor sich hin. Wir gehen keine Risiken ein. Natürlich – wer etwas riskiert, kann damit auch auf die Nase fallen. Das liegt in der Natur der Sache. Aber wer nichts riskiert, wird höchstens Zufallstreffer landen.

Natürlich gibt es Aufgaben, bei denen es gerade darauf ankommt, Risiken zu minimieren oder auszuschalten. Wer zum Beispiel für die Sicherheit in einem Kernkraftwerk verantwortlich ist, soll hier ganz gewiss nicht ermutigt werden, seine Aufgabe doch etwas lockerer anzugehen. Aber ein Schuss Risikobereitschaft an der richtigen Stelle kann das Leben bereichern. Fangen Sie mit kleinen Risiken in Ihrem persönlichen Leben an. Warum zum Beispiel nicht einmal dort Urlaub machen, wo Sie noch nie gewesen sind? Möglicherweise wird es ein Urlaub, an den Sie nachher nur ungern zurückdenken – die Chancen stehen ganz gut, dass sie unvergessliche Ferien erleben.

5. Persönliches Wachstum erleben – auf den Punkt gebracht

Hier noch einmal die Wachstums-Tipps der letzten Seiten in einer Übersicht auf den Punkt gebracht:

Wenn Sie ein dominantes Verhalten zeigen	Wenn Sie ein initiatives Verhalten zeigen
Zuhören lernen sich auf Menschen konzentrieren nicht nur eine Meinung zulassen mehr Unterstützung bieten mehr Wärme und Offenheit zeigen mehr Geduld zeigen das Warum? erklären weniger Kontrolle ausüben	ein langsameres Tempo Emotionen kontrollieren Wert der Aktivitäten beurteilen Durchhaltevermögen verbessern besser zuhören Konzentration auf Details/Fakten Konzentration auf Resultate weniger impulsiv sein
Wenn Sie ein gewissenhaftes Verhalten zeigen	**Wenn Sie ein stetiges Verhalten zeigen**
mehr Offenheit/Flexibilität mehr Vertrauen auf Intuition schneller reagieren optimistischer sein weniger Betonung auf Fakten legen eine größere Risikobereitschaft zeigen persönliche Beziehungen entwickeln optimistisch in die Zukunft blicken	sich Konfrontationen stellen entschlussfreudiger sein lernen, Nein zu sagen mehr Initiative zeigen ein schnelleres Tempo direkter sein weniger sensibel sein Konzentration auf die Aufgabe

Kapitel 18
Ein Hoch auf das Schubladendenken

Möglicherweise haben Sie bei der Lektüre dieses Buchs schon das eine oder andere Mal den Kopf geschüttelt und gedacht: „Eigentlich kann man Menschen doch nicht so in Schubladen stecken. Diese Unterteilung wird doch niemandem gerecht."

Die Verhaltensdimensionen D, I, S und G sind situativ

Eine kleine Anmerkung ist in dieser Hinsicht noch wichtig: Das persolog® Persönlichkeits-Modell ist keine „Typenlehre". Man kann von keinem Menschen sagen, dass er ein dominanter oder gewissenhafter „Typ" sei. Ein Mensch kann je nach Situation unterschiedlich reagieren. In der Familie gibt er sich sehr wahrscheinlich anders als am Arbeitsplatz, in der Gemeinde oder unter Freunden. Wie er im Einzelfall reagiert, hängt auch davon ab, ob er ausgeschlafen, hungrig, entspannt oder gereizt ist. Das persolog® Persönlichkeits-Modell nimmt nur diese einzelnen Situationen unter die Lupe. Ein Mensch wird sozusagen zu Beobachtungszwecken kurz in eine Schublade gesteckt – aber er kann jederzeit wieder herausspringen und es sich in einer anderen Schublade bequem machen.

Zurück zum Thema dieses Kapitels. Zunächst eine vielleicht überraschende Feststellung: Schubladendenken ist eine gute Sache. Warum? Weil wir ohne Schubladen überhaupt nicht denken könnten. Denken heißt ja, Begriffe miteinander in Beziehung zu setzen. Und Begriffe sind nichts anderes als Schubladen. Bei gegenständlichen Begriffen ist das leicht einzusehen. Der Begriff „Tisch" zum Beispiel packt alle Gegenstände in eine Schublade, die mindestens ein senkrechtes Bein und eine waagerechte, glatte Oberfläche aufweisen. Dann verlangt man von einem Tisch noch, dass er in dieser Position stehen bleibt, wenn man ihn loslässt. Und er muss eine bestimmte Größe aufweisen. Sie sehen: Es ist gar nicht so leicht zu erklären, was genau zu einem Tisch gehört. Normalerweise hat er vier Beine, manchmal aber auch nur drei. Und manche haben sogar nur ein Bein, aber dafür einen breiten Fuß. Aber wir würden niemals einen Tisch mit einem Hocker verwechseln, obwohl es gar nicht so leicht ist, den Unterschied genau zu erklären. Wir haben eine sehr genaue Vorstellung, was ein Tisch ist und was nicht. Und obwohl diese Vorstellung sehr präzise ist, ist sie auf der anderen Seite doch sehr allgemein. Von den mehreren Millionen Tischen, die es auf der Welt gibt, kennen wir vielleicht ein paar hundert. Trotzdem haben wir nicht die geringste Schwierigkeit, einen Tisch, den wir niemals vorher gesehen haben, als Tisch zu erkennen, eben weil wir in unserem Gehirn eine bestimmte Schublade dafür eingerichtet haben. Das heißt aber nicht, dass für jeden alle Tische gleich aussehen. Im Gegenteil: Die Kraft dieses Schubladendenkens liegt gerade darin, völlig unterschiedliche Gegenstände unter einem Begriff zusammenzufassen, weil sie eine ähnliche Funktion erfüllen.

Schubladen unterstützen unsere Begriffsbildung

Nicht anders verhält es sich mit abstrakten Begriffen wie Liebe oder Freiheit, oder eben auch mit Beschreibungen wie „dominant“, „initiativ“, „stetig“ oder „gewissenhaft“. Mit diesen Begriffen klopfen wir Menschen auf bestimmte Verhaltensweisen ab. Sie befinden sich nur für kurze Zeit in einer Schublade, in der wir lediglich einen bestimmten Aspekt betrachten. Danach geht es um eine differenziertere Betrachtung unseres Verhaltens in 20 verschiedenen Verhaltensmustern, die wir Verhaltenstendenzen nennen.

Interpretationsstufe 2

20 Verhaltenstendenzen

Wahrscheinlich haben Sie sich bei der Lektüre dieses Buchs nicht nur in einem einzigen Persönlichkeitsprofil wiedergefunden. Mit dieser Beobachtung liegen Sie ganz richtig. Bei den meisten Menschen zeigt sich ein gemischtes Persönlichkeitsprofil, in das dominante, initiative, stetige und gewissenhafte Züge einfließen oder in dem sie gerade fehlen.

Genau darum geht es in der Interpretationsstufe 2.
Sie haben schon das gesamte Material beisammen, das Sie zur Bestimmung Ihres Persönlichkeits-Profils brauchen – nämlich die Diagramme I, II und III, die Sie ganz zu Anfang angefertigt haben. In diesen Diagrammen sieht man verschiedene Gipfel und Täler. In Ihrem Diagramm könnten Sie zum Beispiel zwei Gipfel bei D und G und zwei Täler bei I und S eingezeichnet haben. Natürlich gibt es Hunderttausende von verschiedenen Kombinationen, wenn man die genauen Punktzahlen berücksichtigt. Der Kunstgriff besteht darin, ähnliche Kurven zusammenzufassen und einem bestimmten Persönlichkeitsprofil zuzuordnen.

Bei wissenschaftlichen Untersuchungen (übrigens nicht im Gemeinde-, sondern im Arbeitsleben) hat sich herausgestellt, dass diese Profile tatsächlich aussagekräftig sind. Das heißt also: Menschen mit dem gleichen Persönlichkeitsprofil weisen wirklich ähnliche Merkmale auf, und Menschen mit unterschiedlichem Profil unterscheiden sich auch wirklich voneinander. Damit ist natürlich nicht gemeint, dass Menschen mit gleichem Persönlichkeitsprofil wirklich „gleich" sind.
Individuelle Unterschiede gibt es immer.

Verwendung der Informationen aus Diagramm III

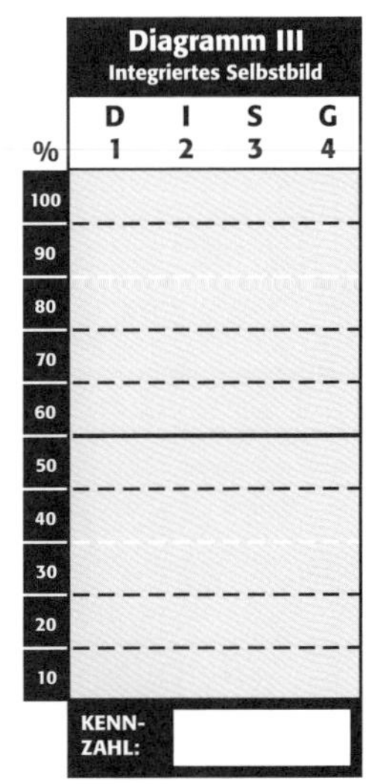

Das Diagramm III gibt am ehesten wieder, wie Sie sich selbst sehen und wahrnehmen. Es fasst die Aussagen aus den Diagrammen I und II zusammen. Erinnern Sie sich noch? Diagramm I enthält die Antworten, denen Sie „am ehesten" zustimmen würden, Diagramm II die, mit denen Sie „am wenigsten" anfangen können. Die Kombination beider Diagramme liefert deshalb ein abgerundetes Bild Ihrer Selbstwahrnehmung.

Verwendung der Informationen aus Diagramm I und II

Als Sie Ihre Antworten in den beiden Spalten „am ehesten" und „am wenigsten" ankreuzten, haben Sie sich in beiden Fällen in eine bestimmte Situation in der Gemeinde hineinversetzt.

Anleitung

- Kreisen Sie die Kennzahl aus Diagramm III von Seite 27 in der untenstehenden Zahlenreihe ein und schlagen Sie die dazugehörige Seite auf.
- Lesen Sie die Interpretationen zu Ihrer Verhaltenstendenz durch. Bearbeiten Sie die Informationen, indem Sie die Sätze mit Leuchtmarker markieren, denen Sie zustimmen. Ein Fragezeichen hinter die Sätze schreiben, die Ihnen nicht klar sind und einen Blitz hinter die Informationen, denen Sie nicht zustimmen.

Identifizieren Sie Ihre Kennzahl

Kennzahl aus Diagramm III	Seite
1	113
2	117
3	121
4	125
12	129
13	133
14	137
21	141
23	145
24	149
31	153
32	157
34	161
41	165
42	169
43	173
123	177
124	181
134	185
234	189

Verhaltenstendenz 1/D

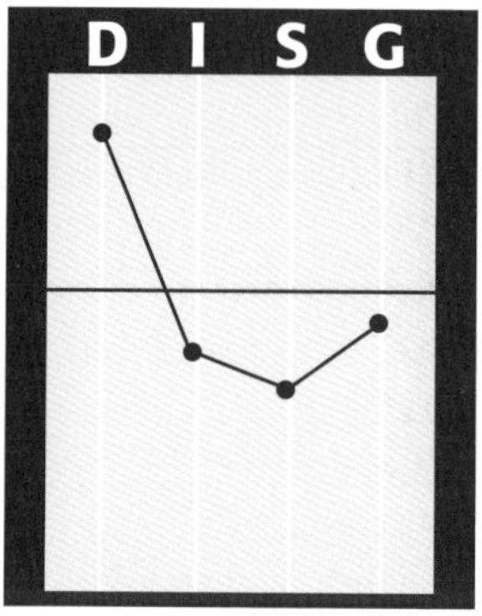

1. Verhaltenstendenz

- Nutzt Chancen;
- geht gerne mit schwierigen Situationen um;
- setzt Prioritäten;
- gibt Anweisungen;
- macht andere Menschen für ihr Handeln verantwortlich;
- misst Ergebnisse, belohnt und bestraft;
- lehnt eine langsamere, überlegtere Art der Zusammenarbeit ab;
- bevorzugt Wettbewerbssituationen;
- reagiert schnell und entschlossen;
- kann am ehesten als *Pionier* bezeichnet werden.

2. Mögliche Schwächen

- Nutzt Informationen, um Macht auszuüben;
- macht Schwierigkeiten, wenn er/sie nicht im Rampenlicht steht;
- will sich nicht in ein Team integrieren;
- verliert das Interesse, wenn es keine Herausforderungen mehr gibt.

3. Bewältigung von Aufgaben

- Erledigt Dinge schnell;
- äußert ausgeprägte Ansichten über Ziele;
- erreicht Ziele mit allen Mitteln;
- bestimmt ein Problem oder einen Feind, dem man sich stellen muss und das/den es zu überwinden gilt;
- erreicht persönliche Hochleistung.

4. Grundtendenzen

- Ereignisse und persönliches Schicksal bestimmen.

5. Motivation

- Möglichkeiten, persönliche Bedürfnisse nach Führung, Individualität und Entschlossenheit zu befriedigen;
- arbeitet gut, wenn sich das Umfeld ständig verändert.

6. Persönliche Werte

- Karriere;
- Herausforderungen;
- Konkurrenz;
- Unabhängigkeit.

7. Überzeugt andere

- Energische Sprache;
- prägnante Logik und präzise Wortwahl;
- souveräner Einsatz von Sachverständigenaussagen und visuellen Hilfen;
- bittet um entschlossenes Engagement;
- kann andere von materiellen Dingen sehr gut und von immateriellen Dingen relativ gut überzeugen.

8. Umgang mit Konflikten

- Konfrontation;
- reagiert ungeduldig und hektisch;
- kümmert sich wenig um Akzeptanz und Beliebtheit;
- möchte, dass andere ihre Ziele aufgeben.

9. Reaktion unter Druck

- Wird produktiver;
- betrachtet Stress als Werkzeug, um Maßnahmen einzuleiten.

10. Als Teamleiter

- Autokratische Führungskraft, die dem Team in anspruchsvollen Situationen die benötigte Richtung gibt;
- belohnt treue Gefolgsleute;
- baut eine Befehlskette auf.

11. Als Teammitglied

- Akzeptiert sinnvolle Veränderungen;
- ist häufig des Teufels Advokat (jemand, der um der Sache willen mit seinen Argumenten die Gegenseite vertritt, ohne selbst zur Gegenseite zu gehören);
- erwartet Anweisungen, was zu tun ist;
- widersteht einer schwachen Führungskraft.

12. Bevorzugte Aufgaben/Funktionen

- Visionär sein, z. B. neue Wege suchen;
- Wichtiges von Unwichtigem unterscheiden, z. B. bei der Beurteilung von Vorschlägen;
- Weitblick zeigen, z. B. vorausplanen, Konsequenzen vorhersagen.

13. Strategien für mehr Effektivität

- Einfühlungsvermögen und Verständnis zeigen;
- zuhören, ohne zu unterbrechen;
- Einwände anderer als Chance nutzen;
- sich nicht auf den Kriegspfad begeben, um andere zu überzeugen;
- andere mehr als hilfsbereite anstatt als gefügige Partner einbinden;
- mit Menschen zusammenarbeiten, die besser im Team kooperieren können (Verhaltenstendenz 23, 32, 234).

Fallbeispiel zu Verhaltenstendenz 1

Die Gemeinde platzt aus allen Nähten. Ein Neubau wird gebraucht. Gut, dass man mit L. einen Experten in der Gemeinde hat. Er holt Angebote ein, kümmert sich um die Planung und behält den Überblick. Außerdem denkt er an Details, die anderen entgehen: Zum Beispiel plant er von vornherein einen Fahrstuhl mit ein. L. genießt seine neue Rolle und die Welle der Anerkennung, die ihm entgegenschlägt. Regelmäßig nimmt er nun als Vorsitzender des Bauausschusses an den Vorstandssitzungen teil, erstattet Bericht, bringt Vorschläge ein und untermauert seine Ansichten mit Argumenten.

Die Gemeinde hat sich in den Fähigkeiten von L. nicht getäuscht: Der Zeitplan für die Fertigstellung wird eingehalten.

Im Lauf der Bauzeit kommt es allerdings auch zu Reibereien mit L. Immer dann nämlich, wenn seine Vorschläge auf Widerstand stoßen, kommt eine seiner unangenehmen Seiten zum Vorschein. Wie selbstverständlich geht L. davon aus, dass er nicht nur zum Leiter des Bauausschusses gewählt wurde, sondern auch die alleinige Entscheidungsbefugnis besitzt – selbst wenn es um die Innenausstattung geht. So schlägt er eine bestimmte Fliese vor, die seiner Meinung nach am besten für den Eingangsbereich geeignet ist. Wie bei allen Geschmacksfragen kann der Widerspruch nicht ausbleiben. Doch da gerät man bei L. an den Falschen: „Wenn ihr das Recht auf eine eigene Meinung beansprucht, solltet ihr euch erst einmal informieren. Ihr habt mich zum Vorsitzenden gewählt, und es wird so gemacht, wie ich es gesagt habe."

Verhaltenstendenz 2/I

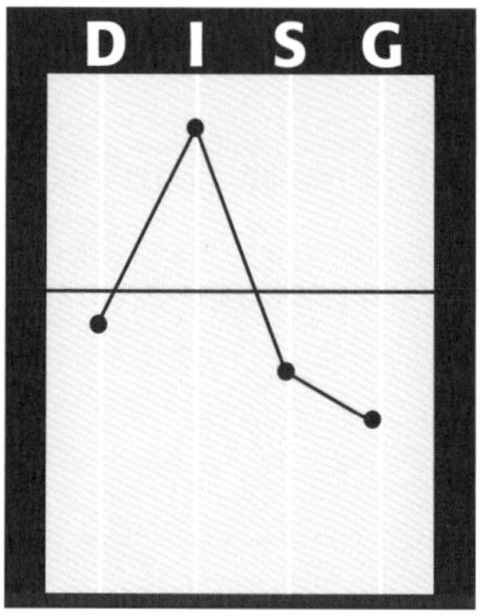

1. Verhaltenstendenz

- Kämpft um Aufmerksamkeit;
- will im Mittelpunkt stehen;
- teilt Ratschläge, Arbeitsmaterial und Erfolg mit anderen;
- baut sofort mit anderen ein harmonisches Verhältnis durch Gefühle und Überzeugungskraft auf;
- ermutigt andere, offen zu sprechen;
- tadelt andere nicht gerne;
- vermeidet es, Gleiches mit Gleichem zu vergelten;
- verlässt sich darauf, dass andere ihn/sie unterstützen;
- kann am ehesten als *Entertainer* bezeichnet werden.

2. Mögliche Schwächen

- Schenkt Routineaufgaben wenig Aufmerksamkeit;
- vereinfacht Lösungen;
- schätzt die Fähigkeiten anderer falsch ein;
- hat häufig Schwierigkeiten, den Zeitaufwand zu kalkulieren.

3. Bewältigung von Aufgaben

- Nutzt die vorhandenen Mittel;
- glaubt, dass neue Situationen neue Methoden erfordern;
- fühlt sich zu Aufgaben hingezogen, die zwischenmenschliche Fähigkeiten und eine positive Einstellung erfordern;
- möchte eine heitere, freundliche Atmosphäre schaffen;
- interessiert sich nicht für Effizienz.

4. Grundtendenzen

- Sich mit vielerlei Aktivitäten beschäftigen.

5. Motivation

- Möglichkeit, das persönliche Bedürfnis nach Akzeptanz, Zugehörigkeit und Zufriedenheit zu befriedigen;
- arbeitet gut, wenn er/sie nicht kontrolliert wird und keine Kleinarbeit leisten muss.

6. Persönliche Werte

- Kontakt zur Außenwelt;
- Anerkennung;
- Status/Prestige;
- Vielfalt.

7. Überzeugt andere

- Nimmt anderen die Befangenheit;
- zeigt Interesse;
- strahlt Charme und Selbstbewusstsein aus;
- kommuniziert, macht Witze, verspricht viel;
- tut Einwände als unwichtig ab;
- kann andere von materiellen Dingen schlecht und von immateriellen relativ gut überzeugen.

8. Umgang mit Konflikten

- Vermeidung;
- glaubt, dass Konflikte andere verletzen;
- fördert Harmonie;
- will von allen akzeptiert und gemocht werden.

9. Reaktion unter Druck

- Erneuert einflussreiche Kontakte;
- setzt Witz und Charme ein, um Kritik abzuwehren.

10. Als Teamleiter

- Kann Spannungen abbauen, indem er/sie berücksichtigt, dass das Team Spaß, Aktivitäten und soziale Kreativität braucht;
- ist bereit, Führung zu teilen.

11. Als Teammitglied

- Baut Brücken, indem er/sie Spannung vermindert;
- verlässt sich auf eine starke Führungskraft, um alle Teammitglieder auf einem produktiven und disziplinierten Kurs zu halten.

12. Bevorzugte Aufgaben/Funktionen

- Andere für etwas begeistern, z. B. durch mitreißende Reden;
- andere beraten und unterstützen;
- aus dem Bauch heraus handeln, z. B. unterschwelligen Gefühlen nachgehen;
- Entscheidungen aufgrund von Interpretationen fällen;
- anderen Menschen Dinge entlocken, z. B. Wünsche in der Mitarbeit.

13. Strategien für mehr Effektivität

- Sich auf die Aufgabe konzentrieren;
- Termine einhalten;
- energisch und direkt sprechen;
- bei der Entscheidungsfindung Objektivität walten lassen;
- Einwänden direkt begegnen;
- mit Menschen zusammenarbeiten, die besser organisiert sind (Verhaltenstendenzen 4, 43, 134).

Fallbeispiel zu Verhaltenstendenz 2

N. ist Pfarrer einer kleinen Gemeinde. Neben der normalen Gemeindearbeit vertritt er seine Gemeinde auch im Arbeitskreis christlicher Kirchen am Ort. In dieser Aufgabe geht er völlig auf. Er genießt es, in ökumenischen Gremien mit anderen Pastorinnen und Pastoren zusammenzuarbeiten. Und neben seiner Gemeinde hat er bei ökumenischen Veranstaltungen noch ein anderes Publikum – die Mitglieder der anderen Kirchen am Ort nämlich. Und genau wie sich N. auf sein Publikum freut, freuen sich die Mitglieder der anderen Gemeinden (neben seiner eigenen) auf seinen Auftritt. Wenn er auf die Kanzel steigt, geht ein Lächeln durch die Versammlung, und man ist gespannt auf das, was er zu sagen hat. Im Grunde hält N. die Ökumene am Ort am Leben. Seine Persönlichkeit verbindet die Christen über alle theologischen Grenzen hinweg. Er versteht es, begeistert für die Einheit der Christen zu werben.

Manche allerdings stoßen sich auch an Ns. Art. Aus ihrer Sicht verwischt N. die theologischen Unterschiede zwischen den Konfessionen und verbreitet einfach eine positive Stimmung, statt wirklich wichtige Themen anzusprechen. Dieses Urteil beruht zu einem gewissen Grad auf Unkenntnis, aber es stimmt schon, dass es N. vermeidet, sich zu konfliktträchtigen Themen zu äußern. In seiner eigenen Gemeinde wird das manchmal zu einem Problem. Vor einiger Zeit war es im Vorstand zu einer Auseinandersetzung gekommen, bei der es darum ging, für den von der Gemeinde betriebenen Kindergarten eine weitere Mitarbeiterin einzustellen. Die Diskussion drehte sich vor allem um die finanzielle Seite. N. scheute sich davor, Partei zu ergreifen und versuchte stattdessen, die Wogen zu glätten. Der Versuch scheiterte jedoch, denn in diesem konkreten Fall kam es tatsächlich darauf an, eine Lösung zu finden, mit der alle leben konnten. N. wollte dagegen für eine lockere Atmosphäre sorgen, bevor der Konflikt überhaupt ausgestanden war. Dieser Versuch konnte nicht gut gehen.

Verhaltenstendenz 3/S

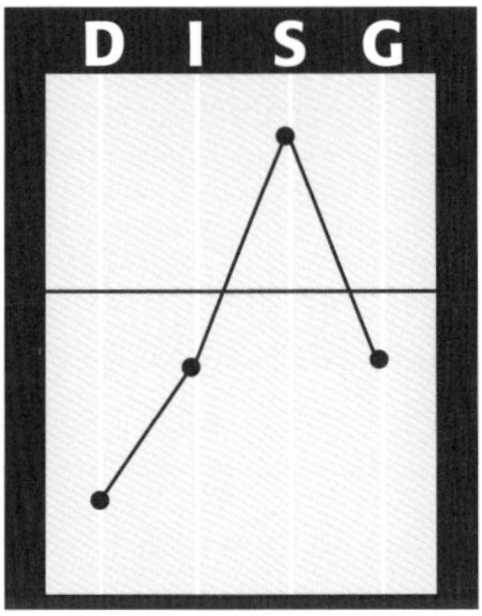

1. Verhaltenstendenz

- Gibt ein stetiges Tempo vor und hält sich daran;
- ist geduldig;
- erfüllt Pflichten;
- erwartet und zeigt Loyalität;
- schenkt wichtigen Details Aufmerksamkeit;
- äußert und verteidigt persönliche Überzeugungen und Werte;
- kann sich für die Natur und ein schönes Umfeld begeistern;
- kann am ehesten als *Stabilisator* bezeichnet werden.

2. Mögliche Schwächen

- Spielt persönliche Fähigkeiten herunter und unterschätzt sie;
- verbirgt persönliche Hoffnungen und Ambitionen;
- wartet ab, was geschieht, anstatt etwas aktiv zu verändern.

3. Bewältigung von Aufgaben

- Erwirbt Kenntnisse in einem Fachbereich;
- setzt bei der Problemlösung den gesunden Menschenverstand ein;
- tastet sich Schritt für Schritt an neue Methoden heran;
- hat Schwierigkeiten, übermäßige Verantwortung zu verweigern.

4. Grundtendenzen

- Durch Spezialisierung erfolgreich sein.

5. Motivation

- Möglichkeit, persönliches Bedürfnis nach Kooperation, Zufriedenheit und Zurückhaltung zu befriedigen;
- arbeitet gut, wenn er/sie genügend Zeit hat, um geordnet vorzugehen.

6. Persönliche Werte

- Freundschaft;
- Sicherheit;
- Pflichterfüllung;
- Anerkennung.

7. Überzeugt andere

- Bindet engagierte Menschen auf bescheidene, ruhige und ehrliche Art ein;
- bittet andere bereitwillig um Unterstützung, um die Vorteile einer Idee/eines Produktes anzupreisen;
- kann andere von materiellen Dingen relativ gut und von immateriellen Dingen schlecht überzeugen.

8. Umgang mit Konflikten

- Schließt Kompromisse;
- findet eine für beide Seiten profitable Lösung und die Mitte zwischen zwei extremen Positionen.

9. Reaktion unter Druck

- Übernimmt bereitwillig Verantwortung;
- sucht den besten Weg für langfristige Sicherheit.

10. Als Teamleiter

- Entgegenkommende Führungskraft;
- ermöglicht dem Team, Streitigkeiten zwischen energischen Bewerbern um eine Führungsposition zu lösen;
- kann unkooperative Menschen gut umpolen.

11. Als Teammitglied

- Identifiziert sich mit Menschen, die einen strengen Führungsstil wünschen;

- arbeitet effektiv als Spezialist;
- kann gut Prioritäten setzen.

12. Bevorzugte Aufgaben/Funktionen

- Konsequent sein, z. B. Termine einhalten;
- Anweisungen entgegennehmen;
- Anweisungen ohne zu zögern folgen und akzeptieren;
- technische Anlagen in der Gemeinde bedienen und warten (Heizung, Mischpult).

13. Strategien für mehr Effektivität

- Auch unter Druck die Kontrolle bewahren;
- verantwortungslose Menschen sofort tadeln;
- Richtlinien für die Durchführung von Aufgaben aufstellen;
- vorausschauend handeln;
- die Initiative ergreifen, anstatt auf andere Menschen oder Ereignisse zu reagieren;
- mit Menschen zusammenarbeiten, die mehr Vielfalt in die Arbeit bringen können (Verhaltenstendenzen 12, 24, 124).

Fallbeispiel zu Verhaltenstendenz 3

T. ist gerade zur Kassiererin ihrer Gemeinde gewählt worden. Eine gute Entscheidung! T. kommt diese Aufgabe entgegen. Sie kann dabei ruhig und stetig vor sich hinarbeiten. Vor allem gefällt ihr, dass sie sich mit ihrer Arbeit im Hintergrund halten kann. Im Gegensatz zum Pastor oder den Gruppenleitern steht sie kaum jemals im Rampenlicht. Doch auch die Gemeinde profitiert von ihrer Arbeit: Jeder weiß, dass die Finanzen bei ihr in guten Händen sind. Man bringt ihr Vertrauen entgegen, denn sie ist zuverlässig, kümmert sich auch um Einzelheiten und bringt durch ihren Beruf als Bankkauffrau auch die notwendigen Spezialkenntnisse mit. Vor allem aber ist sie freundlich und umgänglich. Das gilt sowohl für die Arbeit im Gemeindevorstand, wenn über die Finanzplanung beraten wird, als auch für den Umgang mit den Gruppenleitern, die sich wegen des Gruppenbudgets an sie wenden müssen. Niemand muss wie ein Bittsteller zu ihr kommen, wenn er sein Gruppenbudget überzogen hat, denn T. begreift sich nicht als Finanzchefin ihrer Gemeinde, sondern als Mitarbeiterin, die dafür sorgt, dass die Gemeindearbeit läuft, was die finanzielle Seite betrifft.

Dass T. immer freundlich und umgänglich wirkt, kann manchmal allerdings auch zum Problem werden. Vor einiger Zeit musste die gesamte Heizungsanlage im Gemeindehaus erneuert werden. Natürlich war neben den begabten Technikern der Gemeinde auch T. an der Vorentscheidung beteiligt, denn der vorgegebene Finanzrahmen durfte ja nicht überschritten werden. Genau an diesem Punkt kam es zu Schwierigkeiten. Die beiden Vorstandsmitglieder, die sich um die Hausverwaltung kümmerten, konnten sich nicht einigen: Der eine sprach sich für den Einbau einer ganz modernen und teuren Anlage aus, der andere neigte einer preiswerten Lösung zu. T. verstand sich mit beiden gut und wollte keinen von beiden vor den Kopf stoßen. An dieser Stelle hätte man von ihr ein klares Wort erwartet, doch T. war anscheinend nicht in der Lage, deutlich zu sagen, wie viel Geld die Gemeinde investieren könne, obwohl niemand einen besseren Überblick über die Finanzen besaß als sie. Sie wollte es beiden recht machen und schob deshalb die Entscheidung auf die beiden Hausverwalter ab. Als die Gemeindeversammlung die endgültige Entscheidung treffen sollte, erwartete sie von T. ebenfalls eine Hilfestellung, doch auch hier verlor sie sich in unverbindlichen Worten.

Verhaltenstendenz 4/G

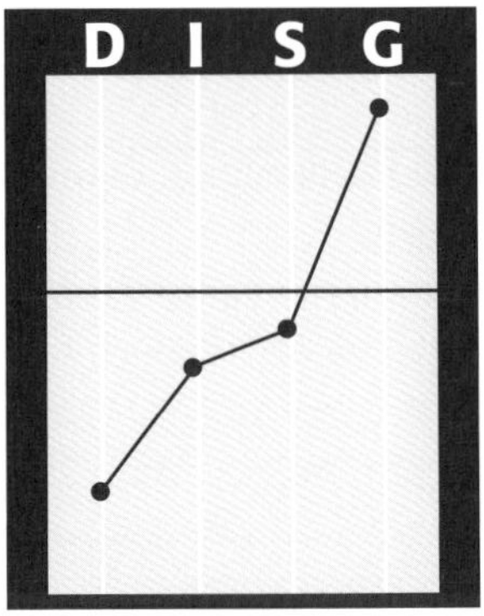

1. Verhaltenstendenz

- Konkurriert eher mit Dingen als mit Menschen;
- will es anderen recht machen;
- versucht, andere für die Zusammenarbeit zu gewinnen, anstatt zu fordern, und macht wenn nötig Kompromisse;
- fügt sich respektierter Autorität;
- glaubt, dass harte Arbeit und Fairness sich auszahlen;
- sucht Verantwortungsbereiche, in denen er/sie konzentriert alleine arbeiten kann;
- kann am ehesten als *Perfektionist* bezeichnet werden.

2. Mögliche Schwächen

- Ist überempfindlich gegenüber Kritik;
- wacht über Regeln wie eine Henne über Küken;
- ist überfürsorglich;
- verfügt über mangelnde Spontaneität, um Pläne rasch zu ändern.

3. Bewältigung von Aufgaben

- Erreicht Ziele auf ernsthafte, ruhige, aber entschlossene Art;
- entwickelt Standards;
- entwickelt sich zumindest in einem Bereich einer Aufgabe zum Fachmann;
- bevorzugt Aufgaben, die analytische und kritische Fähigkeiten bei der Problemlösung erfordern.

4. Grundtendenzen

- Ordnung in das Chaos bringen.

5. Motivation

- Möglichkeit, das persönliche Bedürfnis nach Fachkenntnis, Gewissenhaftigkeit und Selbstdisziplin zu befriedigen;
- arbeitet gut, wenn er/sie Pläne entlang strukturierter Linien ausarbeiten kann.

6. Persönliche Werte

- Ethischer/moralischer Kodex;
- Wissen;
- präzise Arbeit;
- Anerkennung.

7. Überzeugt andere

- Baut auf einer Argumentationskette auf;
- baut Vertrauen durch Übermittlung einer überlegten, genauen und zurückhaltenden Vorstellung auf;
- spielt Gefühle herunter; kann andere von materiellen Dingen sehr gut und von immateriellen Dingen relativ gut überzeugen.

8. Umgang mit Konflikten

- Vermeidung;
- sich aus Problemen heraushaltend, die Konflikte verursachen;
- glaubt, dass es möglicherweise sinnlos ist, zu versuchen, Konflikte zu lösen.

9. Reaktion unter Druck

- Wird gewissenhafter und vorsichtiger;
- u. U. fügt er/sie sich vernünftigen Wünschen.

10. Als Teamleiter

- Ist eine technische Führungskraft, die dem Team hilft, mit fachlichen Problembereichen umzugehen;
- Würde und Rituale sind ihm/ihr wichtig;
- ist förmlich.

11. Als Teammitglied

- Wägt die Konsequenzen sorgfältig ab, bevor er/sie entscheidet;
- leistet Beiträge als kritischer Denker und Informationssammler;
- analysiert umfassend;
- konzentriert sich mehr auf Aufgaben als auf die Beziehungen.

12. Bevorzugte Aufgaben/Funktionen

- Buchführung, mit Zahlen umgehen, z. B. Kassenbuch oder Statistiken führen;
- Zusammenbauen, z. B. Bausatz;
- Objektkategorien ordnen; klassifizieren, z. B. Bücher.

13. Strategien für mehr Effektivität

- Neue Verbindungen zu anderen aufbauen;
- Konflikte ertragen lernen;
- Entscheidungsfindung beschleunigen;
- erkennen, dass nicht alle Probleme kompliziert sind;
- üben, in weniger wichtigen Bereichen schnelle Entscheidungen zu treffen;
- mit Menschen zusammenarbeiten, die besser persönliche Kontakte knüpfen können (Verhaltenstendenzen 2, 24, 123).

Fallbeispiel zu Verhaltenstendez 4

B. ist im Gottesdienst dafür verantwortlich, während der Anbetungszeit die Liedtexte mit dem Beamer an die Leinwand zu projizieren. Und nicht nur das: Sie tippt alle Liedtexte in ihr Präsentationsprogramm auf dem Computer ein, stellt vor dem Gottesdienst die richtigen Dateien zusammen und hält außerdem den Kontakt zur GEMA, damit für alle Lieder eine Gebühr für das Urheberrecht abgeführt wird. Dass Letzteres in manchen Gemeinden lax gehandhabt wird, weiß sie, aber mit diesem Standpunkt kann sie sich nicht anfreunden: „Wir können doch nicht im Gottesdienst Lieder singen und dabei die Komponisten und Texter um ihr Honorar betrügen." Man kann sich auf sie verlassen: Zuverlässig sitzt sie jeden Sonntag mit dem Notebook auf ihrem Platz. Wenn sie doch einmal verhindert ist, sorgt sie selbstständig für Ersatz, ohne dass man sie daran erinnern muss.

Außerdem hat sie stundenlang herumexperimentiert, welche Farben, welche Schriften und welche Schriftgrößen für die Projektion an die Leinwand brauchbar sind und welche nicht. Die Gemeinde kann sich in der Anbetungszeit auf eine perfekte Präsentation freuen.

Als sie neulich nach dem Gottesdienst jemand ansprach, dass ein Liedtext schwer zu erkennen gewesen sei, wehrte sie die Kritik gleich ab. Der Betreffende solle sich doch weiter nach vorne setzen, sie selbst habe sich stundenlang damit beschäftigt, um die optimale Lesbarkeit zu gewährleisten, und wenn jemand meine, er könne das alles besser, solle er es doch bitteschön selbst einmal versuchen. Sie kann nur schwer damit umgehen, dass jemand ihre Arbeit kritisiert, in die sie doch so viel Zeit gesteckt hat. Da tut es ihr gut, wenn ihr der Pastor der Gemeinde öfter einmal seine Anerkennung dafür ausspricht, dass sie diesen Dienst so zuverlässig und gut versieht.

Dabei hat der Pastor auch gelegentlich Schwierigkeiten mit ihr: Für spontane Einfälle ist B. nicht zu haben. Wenn sie der Pastor am Samstagabend anruft und sie bittet, schnell noch ein neues Lied einzutippen, stöhnt B. innerlich auf. Eigentlich wäre das nur eine Sache von einigen Minuten, aber bei B. dauert eine solche Arbeit immer etwas länger, weil sie den Text mit ihrem Computerprogramm perfekt präsentieren will. Sie macht sich das Leben oft schwerer als notwendig.

Verhaltenstendenz 12/DI

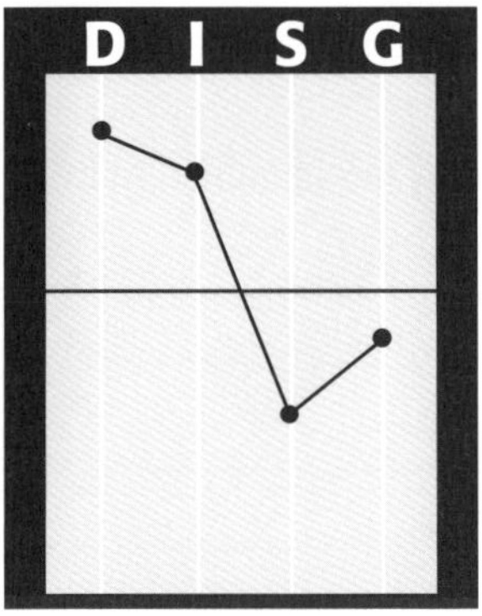

1. Verhaltenstendenz

- Will sich lieber von der Gruppe absetzen, als einer von vielen zu sein;
- ist erfolgreich als treibende Kraft für Veränderungen und durch großen Einfluss;
- spornt andere an;
- arbeitet frei und unabhängig;
- gibt ein schnelles Tempo vor; kann ohne Anweisungen arbeiten;
- kann am ehesten als *Vorreiter* bezeichnet werden.

2. Mögliche Schwächen

- Überträgt unliebsame Aufgaben anderen;
- hat keine Geduld gegenüber langsameren, bedächtigeren Kollegen;
- kann oft nicht delegieren;
- zwingt anderen die eigene Sichtweise auf.

3. Bewältigung von Aufgaben

- Konzentriert sich auf das, was für ihn/sie und andere nutzbringend und vorteilhaft ist;
- liebt Konkurrenzsituationen und besondere Aufgaben;
- plant voraus, integriert Maßnahmen;
- überlässt Details anderen;
- arbeitet konsequent, wenn Termine es erforderlich machen.

4. Grundtendenzen

- Kreative Ideen einem nützlichen Zweck zuführen.

5. Motivation

- Möglichkeit, das persönliche Bedürfnis nach Bestimmtheit, Individualität und Aufgabenerfüllung auszuüben;
- arbeitet gut, wenn er/sie Prestige und Autorität gewinnen kann.

6. Persönliche Werte

- Herausforderungen;
- Wettbewerb;
- Macht/Führung, Prestige.

7. Überzeugt andere

- Weckt ihre Neugierde;
- verspricht interessante Aufgaben;
- hinterfragt andere;
- findet heraus, welche Bedürfnisse sie haben;
- kann andere von materiellen und immateriellen Dingen sehr gut überzeugen.

8. Umgang mit Konflikten

- Hofft durch Zusammenarbeit das Problem entschärfen zu können;
- hilft anderen, eine Situation, die durch negatives und schwieriges Verhalten entstanden ist, zu klären.

9. Reaktion unter Druck

- Lässt andere, wenn es möglich ist, helfen;
- geht Risiken ein, die andere verwirren können.

10. Als Teamleiter

- Führt wie ein Dirigent und kommt somit den Bedürfnissen des Teams nach Geschlossenheit nach;
- vergibt Aufgaben ohne zu zögern;
- schwört die Teammitglieder auf eine Aufgabe ein.

11. Als Teammitglied

- Sucht eine Rolle als Stellvertreter, der eine Führungskraft unterstützt;
- versucht, Entscheidungen zu beeinflussen;
- schwankt in seiner/ihrer Orientierung zwischen Aufgaben und Menschen.

12. Bevorzugte Aufgaben/Funktionen

- Motivieren, z. B. andere zum Handeln veranlassen;
- phantasievoll sein, z. B. anderen helfen, Dinge aus einer alternativen Sicht zu sehen;
- schnell Entscheidungen treffen, z. B. einen Prozess sofort ändern.

13. Strategien für mehr Effektivität

- Terminen mehr Aufmerksamkeit schenken;
- vermeiden, unter Druck andere anzugreifen;
- lernen, denjenigen gegenüber nachzugeben, die fachlich Recht haben;
- andere nicht manipulieren;
- mit Menschen zusammenarbeiten, die besser recherchieren und ein berechenbares Umfeld schaffen können (Verhaltenstendenz 14, 34, 134).

Fallbeispiel Verhaltenstendenz 12

Die Gemeindearbeit stagniert. Den Mitgliedern gelingt es nicht, die Menschen anzusprechen, die sie eigentlich erreichen möchten. Da hat O. eine Idee: Wie wäre es, eine offene Jugendarbeit aufzubauen? Zum Beispiel mit einem Billardtisch, einer Küche, die Pizza und andere Kleinigkeiten anbietet, und natürlich mit Musik, die die Jugendlichen anspricht? Dazu könnte man Gespräche und eine kleine Andacht anbieten. In der Gemeinde macht sich Unbehagen breit: Können wir uns auf eine solch neue Form der Gemeindearbeit einlassen? Müssen wir uns Sorgen um das Inventar machen? Und schließlich: Haben wir überhaupt genug Mitarbeiter, die sich einmal in der Woche Zeit nehmen, um den Abend vorzubereiten und für Gespräche zu Verfügung zu stehen? Kurz: Wenn es nach der allgemeinen Stimmung in der Gemeinde ginge, würde dieses neue Projekt überhaupt niemals Gestalt gewinnen. Doch O. setzt sich dafür ein: In der Gemeindeversammlung entwirft er das Bild einer blühenden Jugendarbeit. Und nicht nur das: Er spricht auch Einzelne an, von denen er den Eindruck hat, sie seien dieser Aufgabe gewachsen.

Tatsächlich schafft er es dank seiner Begeisterung, Hartnäckigkeit und seines persönlichen Engagements, die Arbeit aufzubauen. Die Stimmung ist umgeschlagen und O. wird, noch bevor die eigentliche Arbeit aufgenommen werden kann, als Gruppenleiter betrachtet und akzeptiert.

O. ist es zu verdanken, dass die offene Jugendarbeit überhaupt in Angriff genommen wird. Die konkrete Zusammenarbeit mit ihm gestaltet sich jedoch kompliziert. Vor allem, wenn es um Aufgaben wie Einkaufen oder Küchendienst geht, hält sich O. zurück. Solche Routinearbeiten überlässt er am liebsten den anderen. Schon richtig: Es gibt genügend Mitarbeiter, die sich gerade mit diesen Aufgaben, die im Hintergrund erledigt werden, sehr wohl fühlen und sie bereitwillig erledigen. Trotzdem wünschen sich einige insgeheim, er würde ihnen auch bei diesen kleinen Pflichten hin und wieder zur Hand gehen. Während er jedoch alles, was für ihn nur eine unliebsame Pflicht bedeutet, allzu bereitwillig aus der Hand gibt, gibt er bei allen Entscheidungen, die er für wichtig hält, den Ton an. Zum Beispiel, wenn es um die Gestaltung der Abende oder besondere Projekte geht, hört er kaum auf andere und ist auch nicht bereit zu akzeptieren, dass manches über die Kräfte seiner Mitarbeiter geht. Ein Nein lässt er niemals gelten.

Verhaltenstendenz 13/DS

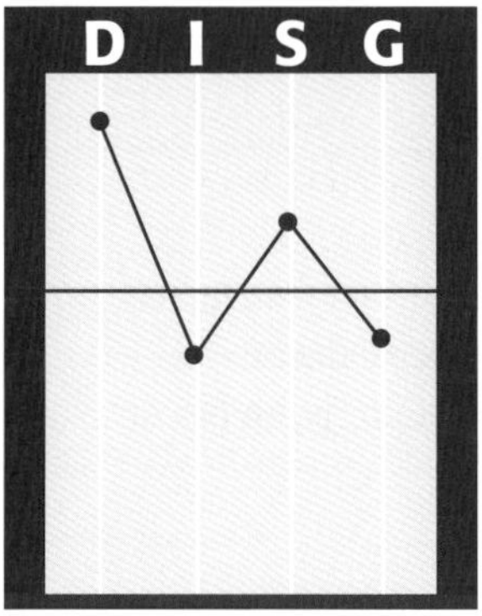

1. Verhaltenstendenz

- Wandelt Frustration in ein Mittel zur Bereinigung von Problemen um;
- entwickelt eine besondere Kombination von Bestimmtheit und sorgfältiger, konsequenter Arbeit;
- bringt die eigene Meinung überzeugend vor;
- erzwingt eine Vorgehensweise;
- wehrt sich gegenüber Widersachern und legt seichte Argumente offen;
- kann am ehesten als *Schrittmacher* bezeichnet werden.

2. Mögliche Schwächen

- Vernachlässigt kleine Rituale, die andere beruhigen;
- ist bei Zeitdruck oft unverblümt und taktlos;
- findet es schwierig, Aufgaben zu delegieren.

3. Bewältigung von Aufgaben

- Entwickelt einen systematischen Plan und trifft Vorkehrungen für Unvorhergesehenes;
- hat Erfolg durch eine rasche Vorgehensweise ohne strenge Überwachung;
- ist entschlossen und aggressiv;
- trägt zur Qualitätsverbesserung bei.

4. Grundtendenzen

- Kalkulieren;
- Unterschiede erkennen;
- sinnvolle Aktivitäten auswählen.

5. Motivation

- Möglichkeit, das persönliche Bedürfnis nach Unabhängigkeit, Mut und praktischer Durchführbarkeit zu befriedigen;
- arbeitet gut, wenn er/sie Aufgaben von der Konzeption bis zur Fertigstellung verfolgen kann.

6. Persönliche Werte

- Abenteuer;
- Erfüllung;
- Wissen;
- physische Herausforderungen.

7. Überzeugt andere

- Argumentiert energisch für eine Vorgehensweise;
- reagiert rasch auf Einwände;
- kann problemlos mit Fragen umgehen und verwendet dazu Fakten und Dokumentation;
- ist ernsthaft und direkt;
- kann andere von materiellen und immateriellen Dingen relativ gut überzeugen.

8. Umgang mit Konflikten

- Konfrontation;
- macht Provokateuren Schwierigkeiten;
- weigert sich, persönliche Ziele aufzugeben;
- macht andere nervös;
- schürt bei anderen Unbehagen.

9. Reaktion unter Druck

- Sturheit;
- wählt häufig den falschen Zeitpunkt für eine Auseinandersetzung.

10. Als Teamleiter

- Aufgabenorientierter Teamleiter, der klar macht, dass das Team hart arbeiten muss;
- ist bei Uneinigkeit autokratisch.

11. Als Teammitglied

- Nutzt eher persönliche Erfahrungen als Schulbuchwissen;
- nimmt Aufgaben an, die andere schwierig finden;
- arbeitet am besten, wenn er/sie nicht durch einen kritischen Teamleiter/Gruppenleiter/Pastor gestört wird.

12. Bevorzugte Aufgaben/Funktionen

- Anleiten, z. B. andere bei einer Reihe von logischen Schritten begleiten;
- überprüfen, bewerten, z. B. feststellen, ob die Leistungen anderer den Erwartungen entsprechen;
- die Arbeit vorantreiben, z. B. andere zum Handeln drängen.

13. Strategien für mehr Effektivität

- Anderen gegenüber eindeutig handeln;
- ein Zeitlimit für Konfliktlösung und Einigung setzen;
- für andere Meinungen offen sein;
- neue Ideen durch Anerkennung der Beiträge anderer fördern;
- bereit sein, das Tempo zu ändern oder versuchen, anderen entgegenzukommen;
- mit Menschen zusammenarbeiten, die flexibler und taktvoller sind (Verhaltenstendenzen 21, 23, 32).

Fallbeispiel Verhaltenstendenz 13

In der Gemeinde wird darüber nachgedacht, Gästegottesdienste anzubieten. Zunächst geht es darum, ein Gesamtkonzept zu entwickeln, und dann wollen eine Fülle von Einzelaufgaben verteilt werden. Schließlich braucht man jemanden, der die Fäden in der Hand hält und ein Auge darauf hat, dass alle Aufgaben rechtzeitig fertiggestellt werden. Für diese Aufgabe bietet sich S. geradezu an. Sie behält immer den Überblick, versteht es, in freundlichem Ton bei den Mitarbeitern nachzufragen, ob sie ihre spezielle Aufgabe bereits erledigt haben und verliert bei alledem das Ziel nicht aus den Augen. Wenn jemand Probleme bei der Bewältigung einer besonders schweren Aufgabe hat, steht sie dem Betreffenden mit Rat und Tat zur Seite. Sie kümmert sich um alle Einzelheiten, sei es der Sketch, die Auswahl der Lieder, die Moderation oder die Werbung.

Was den Pastor besonders freut: S. trifft eigenständig Entscheidungen, ohne wegen jeder Kleinigkeit nachzufragen. Und diese Entscheidungen fallen fast immer gut und richtig aus, denn S. beweist, was die Gottesdienstgestaltung angeht, nicht nur Geschmack, sondern auch ein für einen Laien gutes theologisches Wissen. So kann man ihr die Leitung des Vorbereitungsteams anvertrauen.

Es stellt sich jedoch heraus, dass es einige Mitglieder des Vorbereitungsteams schwierig finden, mit S. im Team zusammenzuarbeiten. Zugegeben, die Tagesordnung wird jedes Mal zügig abgearbeitet und die meisten Probleme an Ort und Stelle geklärt, aber mitunter herrscht eine Atmosphäre wie in der Vorstandssitzung eines Stahlkonzerns. Gelacht wird kaum und die Stimmung ist alles andere als locker.

Außerdem stoßen sich einige Mitglieder des Vorbereitungskreises daran, dass S. alle Entscheidungen im Alleingang trifft. Oft versuchen sie vergeblich, eigene Ideen einzubringen oder Verbesserungsvorschläge zu machen. Wenn S. sich einmal auf einen Kurs festgelegt hat, kann man sie kaum noch davon abbringen – und wenn es um etwas so Einfaches geht, wie die Anzahl der Lieder im Gottesdienst. Einmal, nachdem sie wahrgenommen hatte, dass sich andere im Vorbereitungsteam unwohl fühlen, brachte S. dieses Thema jedoch selbst zur Sprache – und zwar ausgerechnet im letzten Vorbereitungstreffen für den Gottesdienst am darauffolgenden Sonntag, als alle Beteiligten anderes im Kopf hatten und weder Lust noch Energie hatten, sich darüber zu streiten.

Verhaltenstendenz 14/DG

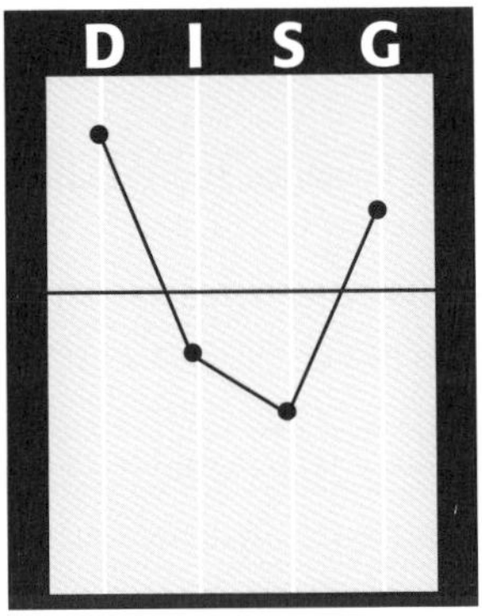

1. Verhaltenstendenz

- Handelt praktisch;
- stellt Fragen, anstatt Analysen zu erzwingen;
- findet Lösungen, die durch Logik und Erfahrung geprägt sind;
- bereitet sich umfassend vor;
- initiiert und entwickelt;
- hält zu allen (außer zu engen Mitarbeitern) Distanz;
- ist glücklich, wenn er/sie Projekte alleine durchziehen kann;
- vermeidet Einschränkungen durch andere;
- kann am ehesten als *Erfinder* bezeichnet werden.

2. Mögliche Schwächen

- Konzentriert sich auf eine einzige Aufgabe, worunter andere Bereiche oft leiden;
- macht sich häufig Sorgen, manchmal unbegründet;
- ist übervorsichtig;
- braucht Hilfe, um Projekte abzuschließen.

3. Bewältigung von Aufgaben

- Löst eher Aufgaben als zwischenmenschliche Probleme;
- beschäftigt sich mit der Komplexität eines Vorgangs;
- arbeitet lange;
- legt ein Tempo vor, das anderen vielleicht zu anstrengend ist.

4. Grundtendenzen

- Neue Ideen haben und umsetzen.

5. Motivation

- Möglichkeit, das persönliche Bedürfnis nach Leistung, Individualität und Alleinsein zu befriedigen;
- arbeitet gut, wenn er/sie genügend Zeit hat, um Richtigkeit sicherzustellen.

6. Persönliche Werte

- Intellektuelle und physische Herausforderung;
- Kreativität;
- Bestätigung.

7. Überzeugt andere

- Nutzt Fakten;
- ist zuversichtlich, wenn die Idee/das Produkt den eigenen hohen Standards entspricht;
- erreicht Akzeptanz durch gut organisierte, direkte Vorgehensweise;
- kann andere von materiellen Dingen überdurchschnittlich gut überzeugen und von immateriellen Dingen relativ gut überzeugen.

8. Umgang mit Konflikten

- Zusammenarbeit;
- drängt andere zunächst in die Defensive;
- verbirgt Unsicherheit;
- fördert letztendlich alle Sorgen und Probleme zutage.

9. Reaktion unter Druck

- Ist auf alle Eventualitäten gut vorbereitet;
- verpflichtet sich selbst, härter zu arbeiten.

10. Als Teamleiter

- Innovative Führungskraft;
- hilft dem Team, neue Theorien zu entwickeln;
- ist förmlich;
- setzt ein Beispiel;
- übernimmt zu viel Verantwortung.

11. Als Teammitglied

- Stellt Verfahren und Methoden infrage;
- löst Probleme;
- verlangt Erlaubnis, Ergebnisse erneut zu überprüfen und zu testen;
- übernimmt Forschungsaufgaben/Recherche.

12. Bevorzugte Aufgaben/Funktionen

- Kreativ sein, z. B. ein verbessertes Vorgehen oder Produkt entwickeln;
- systematisieren;
- Ordnung schaffen, z. B. Werkzeuge in der Reihenfolge bereitlegen, in der sie benutzt werden;
- diagnostizieren, z. B. Probleme bis zu ihrem Ursprung verfolgen.

13. Strategien für mehr Effektivität

- Sich Entspannung gönnen;
- sowohl objektiv als auch fürsorglich sein;
- bei Kritik an der Leistung anderer auf ihre Gefühle achten;
- anderen für ihre Bemühungen Anerkennung schenken;
- mit Menschen zusammenarbeiten, die bessere soziale Fähigkeiten haben und besser mit Spannungen umgehen können (Verhaltenstendenzen 12, 21, 23).

Fallbeispiel Verhaltenstendenz 14

Die Gemeinde hat ein Problem: Die Gruppenräume müssten unbedingt renoviert werden, doch es ist kein Geld da. Gut, dass es F. gibt! Er ist nicht nur ein begabter Handwerker, sondern auch kreativ, phantasievoll und sparsam. Er überlegt sich pfiffige und preiswerte Lösungen, wie man die Räume ohne großen Materialeinsatz wieder in einen vorzeigbaren Zustand bekommt. Und nicht nur das: Er besorgt auch das notwendige Material und opfert zwei Monate lang seinen Feierabend, um nach der Arbeit in der Gemeinde zu renovieren. Es macht ihm nichts aus, wenn er dort allein arbeitet – im Gegenteil. Selbst wenn mehrere Gemeindemitglieder zur Verstärkung kommen, bleibt er gerne noch einige Zeit, nachdem sie abends wieder gegangen sind.

Das Ergebnis kann sich sehen lassen. Vor allem Besucher staunen immer wieder über die neu gestalteten Räume. Man sieht, dass hier ein wirklicher Könner am Werk war.

Fs. Familie hatte während der Renovierungszeit allerdings einiges auszuhalten. Seine Frau bekam ihn einige Wochen lang kaum zu sehen: Morgens ging er zur Arbeit, kam kurz zum Abendessen nach Hause und machte sich dann gleich wieder auf den Weg, um im Gemeindehaus zu renovieren. Wenn er dann spätabends nach Hause kam, fiel er gleich ins Bett.

Nicht, dass ihm niemand Hilfe angeboten hätte. Es stimmte, dass man die anfallende Arbeit ohne ihn niemals bewältigt hätte, aber viele Dinge hätten auch handwerklich weniger Begabte für ihn erledigt und hatten ihm das auch angeboten: Sie wollten Arbeitsmaterialien besorgen und einfache Arbeiten erledigen. Doch man sah F. an, dass er über die angebotene Hilfe niemals so richtig glücklich war, nicht einmal dann, wenn es darum ging, mit Raufasertapete zu tapezieren: Er befürchtete, dass hinterher die Nähte schief sitzen könnten.

Verhaltenstendenz 21/ID

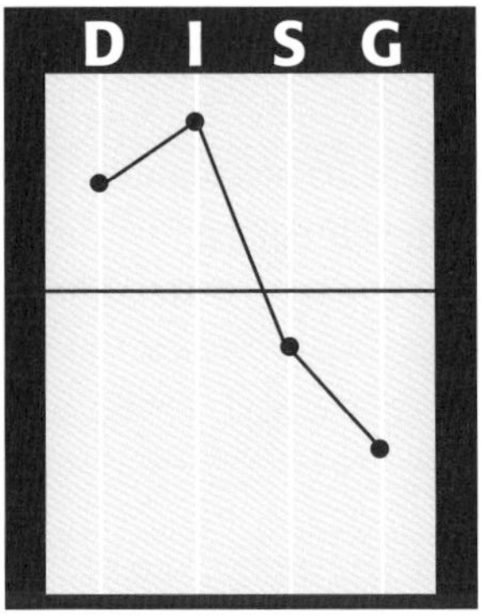

1. Verhaltenstendenz

- Nutzt die Motivation anderer;
- zieht die Aufmerksamkeit anderer durch eine positive Einstellung und eine überlegte Sprache auf sich;
- erhält Unterstützung von anderen;
- versucht frühere Erfolge zu wiederholen;
- wird ärgerlich, wenn Routine ihn/sie festnageln;
- möchte gut aussehen und sich gut fühlen;
- mag keine undurchsichtigen Situationen;
- kann am ehesten als *Überzeuger* bezeichnet werden.

2. Mögliche Schwächen

- Mag keine Routine;
- vermeidet eintönige Kleinarbeit;
- beendet schlecht gewählte Projekte nicht;
- preist Dinge übermäßig an und ist zu enthusiastisch.

3. Bewältigung von Aufgaben

- Freut sich über Gelegenheiten, die eigenen Talente zu zeigen;
- fasst Pläne in Worte;
- weckt Hoffnungen durch emotionale Sprache;
- untermauert Begeisterung durch praktische Veranlagung;
- überlässt Kleinarbeit anderen;
- treibt erfolgreiche Projekte voran.

4. Grundtendenzen

- Erfolgreiche Resultate erwarten.

5. Motivation

- Möglichkeit, das persönliche Bedürfnis nach Selbstbehauptung, Zugehörigkeit und besonderen Leistungen zu befriedigen;
- arbeitet gut, wenn er/sie Kontakt mit verschiedenartigen Menschen aufnehmen kann.

6. Persönliche Werte

- Herausforderungen;
- Wettbewerb;
- Kontakt zu anderen;
- Anerkennung.

7. Überzeugt andere

- Gibt neuen Schwung;
- hebt Chancen hervor;
- passt sich der Persönlichkeit des Zuhörers an;
- ist freundlich und umgänglich;
- arbeitet in physischer Nähe zu anderen;
- entfernt Barrieren;
- kann andere von materiellen und immateriellen Dingen sehr gut überzeugen.

8. Umgang mit Konflikten

- Zusammenarbeit;
- entgegnet Kritik von Gegnern mit Witz und Humor;
- ist bereit, die Wünsche aller zu befriedigen.

9. Reaktion unter Druck

- Geduld;
- fasst Probleme in Worte;
- plant, um Bewegung in die Sache zu bringen.

10. Als Teamleiter

- Demokratische Führungskraft, die das Bedürfnis des Teams nach interessanten Aktivitäten erfüllt;

- behandelt andere fair;
- baut Brücken zwischen gegnerischen Lagern.

11. Als Teammitglied

- Widmet sich gerne schwierigen Aufgaben;
- leitet Maßnahmen in die Wege;
- äußert sich nachdrücklich zu Themen, die andere vermeiden oder verleugnen;
- spricht für Teammitglieder, die sich weniger gut behaupten können.

12. Bevorzugte Aufgaben/Funktionen

- Erkenntnisse nutzen, z. B. andere überzeugen;
- Beziehungen entwickeln, z. B. eine Kommunikationsbasis mit einem Kunden aufbauen;
- führen, andere anleiten, z. B. dem Team helfen zu erkennen, was möglich ist.

13. Strategien für mehr Effektivität

- Ein langsameres Tempo einlegen;
- Erschöpfungszustände vermeiden;
- aufrichtig loben;
- anderen Zeit geben, Zweifel, Sorgen und Einwände vorzubringen;
- Dinge nicht übermäßig anpreisen;
- erkennen, wann man aufhören muss, andere zu überreden;
- mit anderen zusammenarbeiten, die besser organisieren und systematisch planen können (Verhaltenstendenz 13, 14, 34).

Fallbeispiel Verhaltenstendenz 21

In der Gemeinde ist im Lauf des letzten Jahres die Erkenntnis gewachsen, dass man sich diakonisch engagieren sollte, um Menschen tatkräftig mit Liebe zu begegnen und sie auf praktische Art und Weise mit dem Evangelium bekannt zu machen. C. hat in der Gemeinde, in der er vor seinem Umzug Mitglied war, bereits Erfahrungen mit einem diakonischen Gemeindeprojekt gesammelt und gibt seine Erfahrungen begeistert weiter: „Und dann bauen wir eine Obdachlosenarbeit auf. Einmal in der Woche bieten wir einen Mittagstisch an. Und natürlich stehen wir auch zu Gesprächen zur Verfügung." Die Gemeinde muss erst einmal schlucken – dieses Projekt ist doch wohl eine Nummer zu groß für sie, und zunächst fühlen sich die meisten überfordert. Doch C. schafft es, sie davon zu überzeugen, solch eine Arbeit anzufangen. In einer flammenden Rede weist er sie darauf hin, dass sie selbst die Entscheidung getroffen hatten, eine diakonische Arbeit anzufangen. Allmählich springt der Funke über und die Gemeinde fasst den Beschluss, eine solche offene Arbeit aufzubauen.

Eigentlich ist die Gemeinde ja froh, dass C. es geschafft hat, sie von seinem Projekt zu überzeugen. Doch manchmal denken einige, dass sie sich mit dieser Aufgabe doch überfordert haben. Das liegt vor allen Dingen an C. selbst, der von Anfang an keine kleinen Brötchen backen wollte. Das mag darauf zurückzuführen sein, dass er auch die Anerkennung genießt und das Gefühl, im Rampenlicht zu stehen. Besonders eine jüngere Frau mit zwei kleinen Kindern ist ärgerlich auf ihn, weil C. sie immer wieder bittet, mitzuarbeiten. Zwar kann sie sich behaupten: Sie lässt sich nicht überreden, aber sie wünscht sich doch, C. hätte ihr Nein gleich von Anfang an respektiert.

Es gibt noch eine Sache, über die sich die regelmäßigen Mitarbeiter wundern: Wenn C. in der Gemeindestunde oder auch nach dem Gottesdienst von der offenen Obdachlosenarbeit erzählt, klingt das immer viel besser, als sie es in Wirklichkeit erleben. Seinen Erzählungen nach gibt es keine nennenswerten Probleme, die Arbeit läuft wie geschmiert, und die Mitarbeiter sind anscheinend alle hoch motiviert. Mancher fragt sich, ob er diese Darstellung nicht einmal zurechtrücken sollte.

Verhaltenstendenz 23/IS

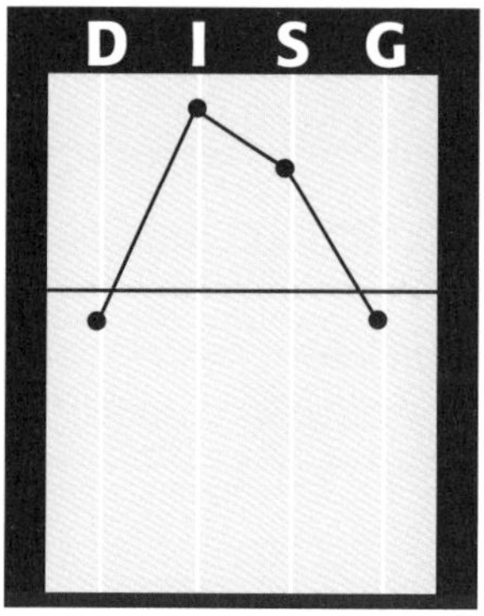

1. Verhaltenstendenz

- Nimmt Kontakt mit Menschen auf, um ein angenehmes und freundliches Umfeld zu schaffen;
- baut Brücken zwischen einzelnen Mitarbeitern und Arbeitsteams;
- andere verspüren Zuneigung für ihn/sie;
- ist oft zu verständig und zieht andere nicht für ihre Handlungen zur Rechenschaft;
- teilt mit anderen und bindet sie in die Entscheidungsfindung ein;
- kann am ehesten als *Harmonisierer* bezeichnet werden.

2. Mögliche Schwächen

- Versucht problematischen Themen auszuweichen;
- gibt bei Verhandlungen zu viel auf;
- findet es schwierig, Freunden oder Mitarbeitern zu widersprechen;
- empfindet Kritik an seiner/ihrer Arbeit als persönlichen Angriff.

3. Bewältigung von Aufgaben

- Pflegt Freundschaften und verbreitet Harmonie;
- stellt fest, welches Ziel und welche Anforderungen eine Aufgabe hat;
- erfüllt die Aufgabe, aber arbeitet nach längeren Phasen der Zusammenarbeit zwischendurch auch gerne wieder alleine.

4. Grundtendenzen

- Andere unterstützen und sie in die Lage versetzen, sich selbst zu helfen.

5. Motivation

- Möglichkeit, das persönliche Bedürfnis nach Akzeptanz, Loyalität und Vertrauen zu befriedigen;
- arbeitet gut, wenn die Zusammenarbeit mit anderen freundlich und informell ist.

6. Persönliche Werte

- Freundschaft;
- Unabhängigkeit;
- Sicherheit;
- Pflichterfüllung.

7. Überzeugt andere

- Sucht gemeinsame Interessengebiete und Freunde;
- sucht Augenkontakt, hat einen angenehmen Gesichtsausdruck und eine lockere Einstellung;
- baut persönliche Beziehungen auf;
- kann andere von materiellen Dingen relativ gut und von immateriellen Dingen sehr gut überzeugen.

8. Umgang mit Konflikten

- Macht Kompromisse, behält aber gleichzeitig die persönlichen Ziele im Auge;
- vermeidet direkte Angriffe.

9. Reaktion unter Druck

- Zwingt sich, Details bis zum Ende zu verfolgen und sucht dabei die Unterstützung anderer.

10. Als Teamleiter

- Menschenorientierte Führungskraft, die dem Team Rückhalt gibt, indem sie individuelle Beiträge anerkennt und belohnt;
- gibt indirekte Anweisungen.

11. Als Teammitglied

- Räumt Hindernisse aus dem Weg und vermittelt zwischen Teammitgliedern;
- sorgt vor Beginn einer Arbeit für harmonische Beziehungen.

12. Bevorzugte Aufgaben/Funktionen

- Kompromisse machen, z. B. einen Ausgleich zwischen den Bedürfnissen der anderen und der Lösung schaffen;
- anleiten, z. B. trainieren und beraten;
- vorhandene Mittel nutzen.

13. Strategien für mehr Effektivität

- Aufgaben ordentlich und pünktlich erfüllen;
- wichtige Details verfolgen;
- bei zwischenmenschlichen Konflikten bestimmt und direkt sein;
- energischer werden;
- mit anderen zusammenarbeiten, die besser auf Fakten basierende Erkenntnisse entwickeln können (Verhaltenstendenz 14, 34, 41).

Fallbeispiel Verhaltenstendenz 23

In der Gemeinde gibt es Streit um den nächsten Pastor. Einige würden einen erfahrenen älteren Seelsorger bevorzugen, andere wiederum einen jungen dynamischen Pastor, der unter anderem in der Jugendarbeit neue Impulse vermitteln kann. Der Gemeinderat hat auch tatsächlich zwei geeignete Kandidaten zu einer Probepredigt mit anschließendem Gespräch eingeladen. Es kommt, wie es kommen muss: Die eine Hälfte begeistert sich für den ersten Kandidaten, die andere für den zweiten. Ein Kompromiss scheint unmöglich. Der Gemeindeleiter J. steht zwischen den Fronten. Er gehört keinem der beiden Lager an, und zunächst weiß auch niemand, was er eigentlich zu dieser Frage denkt. Nein, J. hat in der Gemeinde keine „Hausmacht", aber er besitzt Freunde in beiden Lagern, mit denen ihn ausgezeichnete persönliche Beziehungen verbinden. In vielen Einzelgesprächen mit Angehörigen beider Gruppen zeigt er ihnen, dass er ihren Standpunkt und ihre Anliegen versteht. Und dann macht er sich auf die Suche nach einem dritten Kandidaten und stellt ihn der Gemeinde vor: Es ist ein junger Pastor, der die Jugendlichen ernst nimmt und von den Älteren sofort ins Herz geschlossen wird.

Manchmal allerdings führt das Harmoniebedürfnis, das J. an den Tag legt, zu einem Problem. Dann nämlich, wenn tatsächlich zwischen zwei Alternativen entschieden werden muss. Von ihrem Gemeindeleiter wünscht sich die Gemeinde, dass er in so einem Fall klar und deutlich Stellung bezieht – sei es, dass man sich an ihm orientieren, sei es, dass man sich an ihm reiben wollte. Im letzten Jahr etwa beriet man über die Anschaffung eines neuen Instruments. Nur war man sich nicht einig, ob man ein Klavier oder doch eine elektronische Orgel kaufen sollte. Wenn man J. geradeheraus nach seiner Meinung fragte, antwortete er lediglich, dass er sich keine Kampfabstimmung, sondern ein eindeutiges Votum wünschte: „Hauptsache, wir streiten uns nicht." Das Ergebnis war, dass die Gemeinde die Entscheidung schließlich vertagte. Bis heute stehen im Gottesdienstraum ein altes Harmonium und ein billiges Keyboard.

Verhaltenstendenz 24/IG

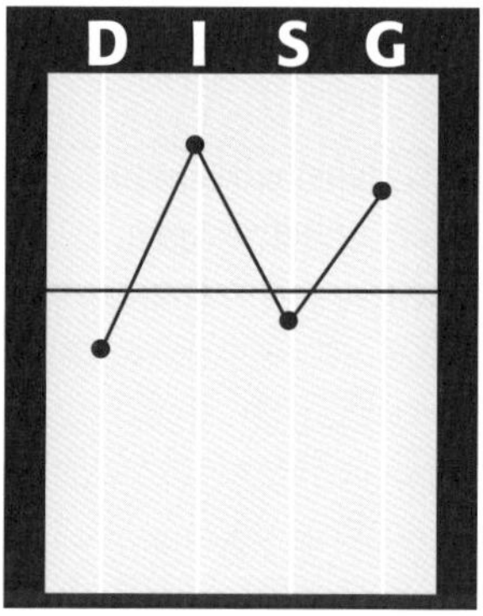

1. Verhaltenstendenz

- Erfüllt die Bedürfnisse anderer;
- rechnet mit Schwierigkeiten und bereitet sich darauf vor;
- ist einfallsreich;
- improvisiert;
- bringt Dinge voran;
- liefert plausible Gründe für Richtungsänderungen;
- bewertet Ereignisse und Menschen kritisch;
- ist offen für neue oder bestechende Ideen;
- kann am ehesten als *Stratege* bezeichnet werden.

2. Mögliche Schwächen

- Legt es manchmal auf Machtproben an und weigert sich nachzugeben;
- vernachlässigt Routineaufgaben;
- nutzt Verzögerungstaktiken, wenn Informationen fehlen;
- ist manchmal scharfzüngig.

3. Bewältigung von Aufgaben

- Nutzt Beobachtungsgabe, Beurteilungs- und Planungsfähigkeit;
- hält sich zurück, auch wenn er/sie loslegen will;
- hört stattdessen aufmerksam zu, was andere denken;
- teilt Lob und Tadel mit anderen.

4. Grundtendenzen

- Plant unvorhergesehene Ereignisse ein.

5. Motivation

- Möglichkeit, das persönliche Bedürfnis nach Selbstbehauptung, Individualität und ungewöhnlichen Leistungen zu befriedigen;
- arbeitet gut, wenn er/sie die eigenen Fähigkeiten und Fertigkeiten zur Geltung bringen kann.

6. Persönliche Werte

- Wettbewerb;
- Kreativität;
- Anerkennung;
- Macht/Führung.

7. Überzeugt andere

- Stellt die Nützlichkeit einer Idee/eines Produkts heraus;
- ermutigt andere durch inspirierende Worte, öfter jedoch durch Skizzierung erfolgversprechender Maßnahmen;
- zeigt Offenheit, Vertrauen und persönliches Interesse für andere;
- kann andere von materiellen und immateriellen Dingen sehr gut überzeugen.

8. Umgang mit Konflikten

- Zusammenarbeit;
- die Schachzüge von Provokateuren voraussehen;
- ruhig bleiben;
- mit vorhandenen Ressourcen zurechtkommen;
- Übereinstimmungen suchen.

9. Reaktion unter Druck

- Wird wettbewerbsorientiert;
- nutzt geistige Flexibilität und Schläue;
- setzt neue Methoden ein;
- erhöht die Effektivität.

10. Als Teamleiter

- Vielseitige Führungskraft, die das Team bei kreativen und prozesstechnischen Problemen unterstützt;
- trifft bei der Auswahl wichtiger Mitarbeiter vernünftige Entscheidungen.

11. Als Teammitglied

- Nähert sich dem Machtzentrum;
- macht sich beim Teamleiter und bei Teammitgliedern als Berater nützlich.

12. Bevorzugte Aufgaben/Funktionen

- Konstruktion und Entwicklung, z. B. Ausarbeitung von Arbeitsplänen und -verfahren;
- Diagnose, z. B. Probleme bis zu ihrem Ursprung verfolgen;
- Werbung, Verhandlung, Überzeugung, z. B. Beeinflussung anderer in Bezug auf ein „Produkt" oder eine Idee.

13. Strategien für mehr Effektivität

- Versprechen einhalten;
- Verpflichtungen erfüllen;
- beim Umgang mit anderen Sensibilität zeigen;
- Verzögerungstaktiken vermeiden;
- realistische Kontrollen akzeptieren;
- auch ungünstige Beurteilungen freundlich akzeptieren;
- mit anderen zusammenarbeiten, die sich besser mit spezifischen Details beschäftigen können (Verhaltenstendenz 3, 13, 234).

Fallbeispiel Verhaltenstendenz 24

In der Gemeinde macht man sich Gedanken über die missionarischen Aktivitäten. Vieles von dem, was man bisher probiert hatte, fruchtete nicht so recht. G. versucht den Problemen auf den Grund zu gehen. Zusammen mit den anderen Mitgliedern des Gemeinderats analysiert sie die bisherigen Strategien und wartet mit einem neuen Konzept auf: Wie wäre es mit einer Gemeindefreizeit, bei der die Teilnehmer Freunde mitnehmen können? So könnte man einige Tage miteinander leben, über Glaubens- und Lebensfragen sprechen und gemeinsam etwas erleben. Einige sind zunächst skeptisch, doch G. schafft es, das Projekt mit überzeugenden Argumenten darzustellen, so dass sich die Gemeinde entschließt, sich auf dieses Experiment einzulassen.

Auch an der Vorbereitung der Freizeit selbst ist G. entscheidend beteiligt. Sie steuert nicht nur viele kreative Ideen bei, sondern achtet darauf, dass niemand überfordert wird.

Im darauffolgenden Jahr soll wieder eine Gästefreizeit stattfinden. Grundsätzlich ist man mit dem Konzept sehr zufrieden, weil alle Beteiligten gute Erfahrungen damit gemacht haben. Aus kleinen Fehlern dagegen hat man gelernt und will es dieses Mal besser machen. Dazu werden auch bereits fertige Vorschläge vorgebracht. Nur will sich G. nicht darauf einlassen: „Das Konzept habe ich selbst ausgearbeitet, und ich habe mir bei allen Punkten auch etwas gedacht. Wenn ihr damit nicht zufrieden seid, müsst ihr ja nicht mitmachen." G. zieht sich beleidigt zurück. Die Kritiker schütteln nur den Kopf. Sie wollen nur ein an sich gutes Konzept verbessern.

Verhaltenstendenz 31/SD

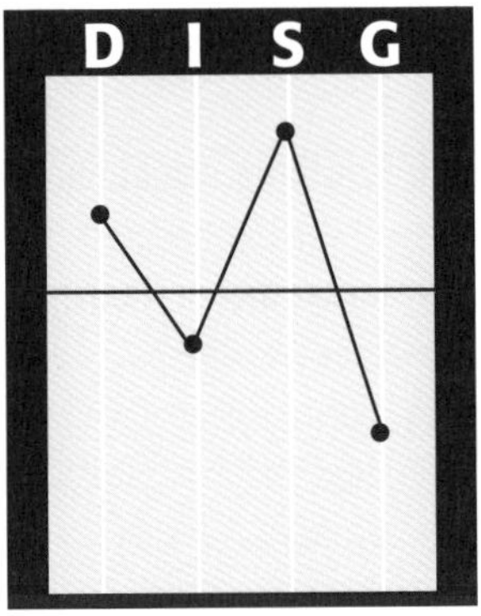

1. Verhaltenstendenz

- Kritischer Zuhörer;
- sucht nach Schwächen in konträren Positionen;
- ist eifrig, sorgfältig und wachsam;
- verknüpft Fakten, um neue Arbeitsmethoden zu entwickeln;
- verschafft sich Respekt durch Handlungen, weniger durch Worte;
- stellt unliebsame Fragen;
- sammelt gerne Wissen an und entwickelt oft Fachkenntnisse auf einem bestimmten Gebiet;
- kann am ehesten als *Spezialist* bezeichnet werden.

2. Mögliche Schwächen

- Kann zu emotionalen Menschen nur schwer Vertrauen fassen;
- ist distanziert;
- erscheint manchmal unsicher;
- will keine neuen Fähigkeiten lernen ohne die entsprechende Belohnung.

3. Bewältigung von Aufgaben

- Plant und führt Aufgaben aus;
- kommuniziert direkt und prägnant;
- löst Probleme unabhängig;
- neigt zu einfachen Lösungen;
- verteilt Lob und Tadel aufgrund von Produktivität.

4. Grundtendenzen

- Auswertbare Ergebnisse einfordern.

5. Motivation

- Möglichkeit, das persönliche Bedürfnis nach Erfüllung, Fachkenntnissen und Hochleistung zu befriedigen;
- arbeitet gut, wenn Gleichgestellte mit gemeinsamen Zielen ihm/ihr Respekt entgegenbringen.

6. Persönliche Werte

- Anerkennung;
- Aufklärung;
- Pflichterfüllung;
- Kontrolle.

7. Überzeugt andere

- Setzt Vernunft statt Gefühl ein;
- hebt einige harte, unverrückbare Fakten hervor und verlangt von anderen, ihre Ablehnung zu rechtfertigen;
- kann andere von materiellen und immateriellen Dingen relativ gut überzeugen.

8. Umgang mit Konflikten

- Zusammenarbeit;
- erkennt die Fehlleitung von Bemühungen, die den Fortschritt verlangsamen;
- sucht bei der Ausarbeitung einer Lösung die Hilfe anderer.

9. Reaktion unter Druck

- Selbstbeherrschung;
- baut auf gewohnten Schemata auf;
- kümmert sich um winzige Details.

10. Als Teamleiter

- Pragmatische Führungskraft;
- hilft dem Team, als Gruppe anstatt als Einzelpersonen zu arbeiten;
- steht zu seiner/ihrer Abhängigkeit von anderen bei sozialen Aufgaben.

11. Als Teammitglied

- Überprüft die Richtigkeit der Meinung anderer;
- wirkt ausgleichend und stellt sicher, dass Zweck und Ziel klar sind.

12. Bevorzugte Aufgaben/Funktionen

- Konzentration auf bestimmte Aufgaben, z. B. Prioritäten setzen;
- Forschung, Informationssammlung, z. B. die billigsten Anbieter finden;
- reparieren oder zusammenbauen.

13. Strategien für mehr Effektivität

- Flexibilität und Bereitschaft, eine Strategie zu überdenken;
- Ideen bildlich erläutern;
- tiefen und manchmal unberechtigten Groll vermeiden;
- mit anderen zusammenarbeiten, die taktvoller und überzeugender kommunizieren können (Verhaltenstendenz 21, 123, 124).

Fallbeispiel Verhaltens-tendenz 31

Ohne D. wäre man in der Gemeinde manchmal arm dran. Zum Beispiel, als vor einiger Zeit wieder Renovierungsarbeiten anstanden. D. ist von Beruf Fliesenleger, aber auch auf allen anderen handwerklichen Gebieten hervorragend begabt. So übernimmt er die Planung der Renovierungsarbeiten. Ohne ihn würde manches von Anfang an schief laufen. Die weniger handwerklich begabten Mitarbeiter haben zum Teil kreative Ideen, was die Neugestaltung des Raums betrifft, aber D. weiß genau, was davon zu einem vernünftigen Preis realisierbar ist und was nicht. Gerade bei der Auswahl der Bodenfliesen achtet er auf Eigenschaften, an die die anderen nicht einmal gedacht haben. Und vor allem arbeiten alle gerne mit ihm zusammen. Er versteht es, die ganze Gruppe so anzuleiten, dass jeder sich wertgeschätzt fühlt und außerdem das Gefühl hat, etwas Neues zu lernen. Obwohl D. der anerkannte Fachmann in Sachen Handwerk ist, drängt er sich nicht in den Vordergrund. Nach Abschluss der Arbeiten sagt selbst ein Student, der bisher kaum mit handwerklichen Glanzleistungen hervorgetreten ist: „Das haben wir geschafft." Dieses Wir-Gefühl entstehen zu lassen, gehört zu Ds. besonderen Stärken.

Einige Monate darauf wird D. von seiner Frau gefragt, ob er sie einmal im Gemeindecafé vertreten könne. Die Aufgabe ist eigentlich nicht übermäßig kompliziert: Er muss Kaffee kochen, Kuchen schneiden, den Tisch decken und hinterher abspülen und aufräumen – Dinge, die D. zu Hause durchaus regelmäßig erledigt. Doch in der Gemeinde fühlt er sich unsicher. „Ich weiß nicht, ob ich das so gut kann", antwortet er. Er weiß nicht, in welchem Schrank der Kaffee steht. Er weiß nicht, ob man von ihm erwartet, die Servietten auf eine bestimmte Art zu falten. Er weiß nicht, wo die frischen Handtücher liegen. An und für sich sind das keine dramatischen Probleme. Aber D. findet es schwierig, sich auf eine ganz neue Aufgabe einzustellen. Doch er sagt zu. Als er in der Gemeinde ankommt, um das Gemeindecafé vorzubereiten, stellt er fest, dass er ausgerechnet mit einer Frau zusammenarbeiten muss, mit der er überhaupt nicht zurechtkommt. Sie ist das genaue Gegenteil von ihm: Emotional, spontan und nach seinem Geschmack auch etwas zu laut. D. sagt ihr seine Meinung und arbeitet dann in Ruhe an seinem Ziel, das Gemeindecafé gut zu managen.

Verhaltenstendenz 32/SI

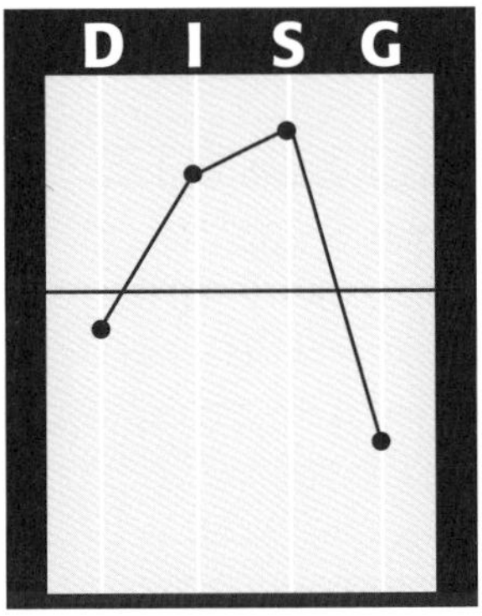

1. Verhaltenstendenz

- Schafft eine Atmosphäre guten Willens;
- hört aufmerksam zu;
- gibt anderen, was sie wirklich brauchen, auch wenn es zusätzliche Mühe kostet;
- ist offen für neue Ideen und Verfahren;
- nimmt die Meinung anderer ernst;
- ahmt erfolgreiche Kollegen nach;
- organisiert;
- überprüft wichtige Details;
- ist ehrlich, warmherzig und anerkennend;
- kann am ehesten als *Helfer* bezeichnet werden.

2. Mögliche Schwächen

- Vermeidet wichtige Konfrontationen;
- arbeitet bis zur Erschöpfung für andere;
- neigt dazu, willensstarken Menschen zu folgen;
- ist unter Druck unentschlossen und ausweichend.

3. Bewältigung von Aufgaben

- Verwendet bewährte Verfahren;
- zeigt Interesse an technischen Themen und Projekten, die mit Menschen zu tun haben;
- erarbeitet sich Ergebnisse durch Geduld und Anpassung an unterschiedliche Menschen und ihre Arbeitsweise.

4. Grundtendenzen

- Für Chancengleichheit und Fairness sorgen.

5. Motivation

- Möglichkeit, die persönlichen Bedürfnisse nach Zugehörigkeit, Loyalität und Selbstaufopferung zu befriedigen;
- arbeitet gut, wenn klar definierte Aufgaben zugewiesen werden.

6. Persönliche Werte

- Freundschaft;
- Pflichterfüllung;
- Stabilität;
- Anerkennung.

7. Überzeugt andere

- Gewinnt ihr Vertrauen;
- schafft eine Atmosphäre, die sich durch klare Kommunikation und gesunden Menschenverstand auszeichnet;
- lobt die Vernunft anderer;
- vermeidet aggressive Methoden;
- kann andere von materiellen Dingen sehr gut und von immateriellen Dingen relativ gut überzeugen.

8. Umgang mit Konflikten

- Entgegenkommen;
- antwortet umfassend auf spitze Fragen;
- versucht, die Gefühle anderer zu beruhigen und Beziehungen aufrechtzuerhalten.

9. Reaktion unter Druck

- Übernimmt mehr Verantwortung;
- wendet sich an Höhergestellte oder Fachleute, um endgültige und wichtige Entscheidungen zu treffen.

10. Als Teamleiter

- Unterstützende Führungskraft, die dem Team bei technischen Aufgaben und Projekten, die mit Menschen zu tun haben, beisteht;
- gibt Anweisungen, wenn er/sie darum gebeten wird.

11. Als Teammitglied

- Übernimmt Aufgaben, die andere vielleicht ablehnen würden;
- zeigt Unabhängigkeit, wenn dies erforderlich ist;
- erschreckt andere manchmal durch Offenheit und Ehrlichkeit.

12. Bevorzugte Aufgaben/Funktionen

- Unterstützung anbieten, z. B. anderen helfen, Stress abzubauen;
- sich um bestimmte Verfahren kümmern, z. B. ordentliche Buchführung;
- Lob und Anerkennung zeigen, z. B. die Beiträge der Teammitglieder anerkennen.

13. Strategien für mehr Effektivität

- Neues wagen;
- Flexibilität bei Routinearbeiten anstreben;
- neue und andere Rollenaufgaben übernehmen;
- andere bitten, bei Details mitzuwirken;
- unnachgiebig sein und sofort konsequent handeln;
- mit anderen zusammenarbeiten, die mehr Risiken eingehen und bessere, kreativere Ideen haben (Verhaltenstendenzen 1, 12, 13).

Fallbeispiel Verhaltenstendenz 32

Die Weihnachtsfeier des Kindergottesdienstes mit dem Krippenspiel ist in jedem Jahr ein ganz besonderer Höhepunkt. Dieses Mal hat H. zugesagt, die Leitung zu übernehmen. Die Mitarbeiter haben sich gemeinsam auf ein Stück geeinigt, und nun beginnt für H. die eigentliche Arbeit. Schon Anfang November geht es los. H. kümmert sich darum, und sie macht ihre Sache gut. Zunächst verteilt sie die Rollen so, dass keines der Kinder überfordert oder übersehen wird. Stundenlang probt sie mit ihnen die Texte, souffliert immer und immer wieder, bis die Texte sitzen. Nicht nur das: Auch um die Dekoration und die Kostüme kümmert sie sich, wenn irgendeine Mutter auch nur ganz vorsichtig signalisiert, dass sie in der Vorweihnachtszeit keine Zeit hätte, auch noch Kostüme zu nähen.

Die Kinder sind begeistert bei der Sache. Sie fühlen sich bei H. in guten Händen. H. versteht es wirklich, die Kinder zu motivieren und zu loben. Und als in der Aufführung dann doch das eine oder andere Kind vor Aufregung den Text vergisst, ist das gar nicht schlimm: H. sitzt in der ersten Reihe, lächelt ihnen aufmunternd zu und spricht ihnen ihre Zeilen vor. Das ganze hat ihr wirklich Spaß gemacht. Und der Pastor erkennt ihre Leistung öffentlich an, sie bekommt sogar einen Blumenstrauß für ihr Engagement.

Als die Kindergottesdienstgruppe die Aufführung des Krippenspiels erfolgreich hinter sich gebracht hat, muss H. doch erst einmal aufatmen. Sie hat alles gegeben und viele Stunden investiert. Jetzt merkt sie, dass sie sich wohl doch zuviel zugemutet hat. Sie vermutet, dass es im nächsten Jahr nicht anders laufen wird: Wieder wird sie sich für das Krippenspiel zur Verfügung stellen, weil die anderen Mitarbeiter keine Lust haben. Irgendeiner muss sich ja der Aufgabe annehmen. H. nimmt sich vor, sich nicht wieder überreden zu lassen, eine bestimmte Aufgabe zu übernehmen, nur weil sich niemand anders verantwortlich fühlt.

Doch schon beim nächsten Mitarbeiterkreis kommt es anders. Eine Kindergottesdienstgruppe braucht einen neuen Leiter. Sie hat überhaupt keine Lust, ihre Gruppe, die sie zusammen mit einer Freundin leitet, abzugeben. Doch als sie merkt, dass sich alle Augenpaare auf sie richten und sich einige noch sehr lobend über ihr Engagement äußern, seufzt sie nur kurz und sagt: „In Ordnung, ich mach' das schon."

Verhaltenstendenz 34/SG

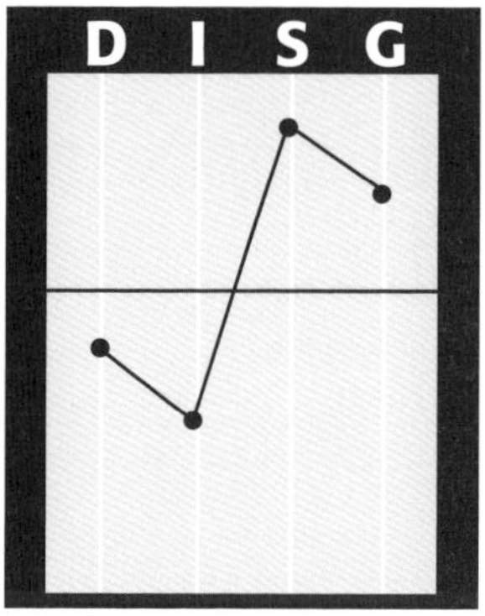

1. Verhaltenstendenz

- Verdient sich Anerkennung;
- ist erfolgreich durch Fleiß;
- sammelt Daten, um Schlussfolgerungen zu untermauern;
- strebt nach Sicherheit, indem er/sie sich Gewissheit über Ideen verschafft;
- stellt infrage, macht Kompromisse, erreicht Konsens;
- will Verantwortung mit anderen teilen und lässt andere endgültig entscheiden;
- plant, bevor er/sie etwas verspricht; kann am ehesten als *Gralshüter* bezeichnet werden.

2. Mögliche Schwächen

- Ist manchmal pessimistisch;
- neigt dazu, andere vorschnell nach ihrer Erscheinung und ihrem Auftreten zu beurteilen;
- erzeugt manchmal Unbehagen bei Menschen, die eine andere Meinung haben.

3. Bewältigung von Aufgaben

- Eignet sich technische Kenntnisse an;
- arbeitet einen festgelegten Ablauf aus und hält ein konstantes Tempo ein;
- übernimmt unangenehme Verpflichtungen, ohne zu klagen;
- neigt dazu, sich stark auf bewährte Menschen, Produkte oder Ideen zu verlassen.

4. Grundtendenzen

- Kalkuliertes und stetiges Tempo vorgeben.

5. Motivation

- Möglichkeit, die persönlichen Bedürfnisse nach Zugehörigkeit, Erfüllung und Vorhersehbarkeit zu befriedigen;
- arbeitet gut, wenn eine detaillierte Aufgabenbeschreibung zur Verfügung steht.

6. Persönliche Werte

- Anerkennung;
- Wissen;
- Sicherheit;
- Stabilität.

7. Überzeugt andere

- Standhaftigkeit und Verlässlichkeit;
- die Glaubwürdigkeit früherer Leistungen hervorheben;
- Nützlichkeit und Pflichterfüllung hohe Priorität einräumen;
- verwendet gut strukturierte Präsentationen;
- spricht oft mit Manuskript;
- kann andere von materiellen Dingen gut und von immateriellen Dingen relativ gut überzeugen.

8. Umgang mit Konflikten

- Kompromisse mit durchdachtem Ansatz;
- bezieht frühere Erfahrungen mit ein;
- findet eine für alle annehmbare Haltung.

9. Reaktion unter Druck

- Verlässt sich auf die eigene Urteilskraft;
- verschließt sich;
- behält Absichten bis zum geeigneten Augenblick für sich.

10. Als Teamleiter

- Analytische Führungskraft, die das Team bei der Untersuchung von Meinungen und Fakten unterstützt;
- ist uneingeschränkt loyal gegenüber engen Mitarbeitern.

11. Als Teammitglied

- Trägt Aufgaben gemeinsam;
- nutzt gesunden Menschenverstand, praktische Veranlagung und kostengünstige Methoden;
- ist am Gesamtergebnis interessiert.

12. Bevorzugte Aufgaben/Funktionen

- Ein Problem durchdenken, z. B. die Folgen unterschiedlicher Lösungen abwägen;
- Pläne oder Anweisungen konsequent ausführen, z. B. Termine einhalten;
- Geräte bedienen.

13. Strategien für mehr Effektivität

- Sorgen offen und direkt ansprechen;
- nicht überempfindlich auf Kritik reagieren;
- empfänglicher für Veränderungen sein;
- sich schwierigen Menschen stellen;
- Auseinandersetzungen nicht aus dem Weg gehen;
- Geheimnistuerei bei der Planung vermeiden;
- mit anderen zusammenarbeiten, die ihre Meinung besser ausdrücken können (Verhaltenstendenzen 12, 21, 32).

Fallbeispiel Verhaltenstendenz 34

P. bedient die Mikrofon- und Lautsprecheranlage in der Gemeinde. Für manche wäre das eine undankbare Aufgabe, denn es bedeutet, jeden Sonntagmorgen anwesend sein zu müssen. Spontane Wochenendausflüge sind damit schwer möglich, denn im Augenblick ist P. die einzige, die sich mit der Anlage auskennt.

Gelernt hat sie die Bedienung der Anlage von ihrem Vorgänger, der inzwischen in eine andere Stadt umgezogen ist. Die kleinen Handgriffe und Tricks hat sie von ihm übernommen und da sie sich bewährt haben (und sie ihren Vorgänger sehr respektiert), kommt sie auch nicht auf den Gedanken, etwas Neues auszuprobieren – ganz abgesehen davon, dass sie bei Mikrofonen, Verstärkern und Lautsprechern immer dieselbe Marke wählen würde.

P. ist jedenfalls mit ihrer Arbeit zufrieden, auch wenn es ihr Dienst mit sich bringt, dass sie eher im Hintergrund wirkt, die Arbeit gibt ihr das Gefühl, wirklich zu dieser Gemeinde zu gehören.

Wenn P. ihre Aufgabe gut macht, merkt man gar nicht, dass sie da ist. Und wenn gelegentlich etwas schief läuft, wenn z.B. eine Rückkoppelung für ein ohrenbetäubendes Pfeifen sorgt oder der Pastor kurzzeitig überhaupt nicht zu hören ist, trägt ihr das keiner nach. Neulich allerdings beschwerte sich nach dem Gottesdienst ein Gast – der Vater eines Gemeindemitglieds – dass die Gitarren während des Lobpreisteiles doch etwas zu laut gewesen seien. P. reagierte zurückhaltend, aber man merkte ihr sehr wohl an, dass sie diese Kritik für ungerechtfertigt hielt. Sie schaute auf den grauen Anzug, den grauen Mantel und den grauen Hut des Kritikers und dachte sich, dass dieser Herr wohl nur traditionelle Gottesdienste kenne und man seine Meinung nicht ernst nehmen müsse.

Übrigens könnte es sich P. durchaus leisten, auch einmal einen Sonntag nicht auf ihren gewohnten Platz vor dem Mischpult zu sitzen. Eine junge Frau hat Interesse angemeldet, die Bedienung der Anlage auch einmal zu lernen. P. hat diese Anfrage abgeblockt. Sie murmelte nur vor sich hin, dass das alles gar nicht so einfach sei und kam im Übrigen nicht mehr auf die Anfrage zurück.

Verhaltenstendenz 41/GD

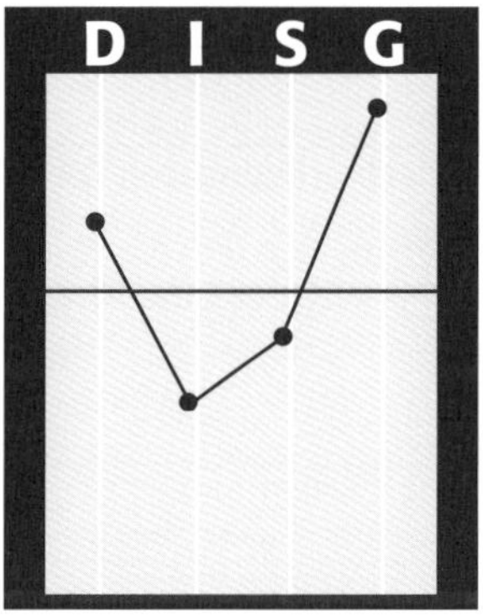

1. Verhaltenstendenz

- Wägt alle Aspekte eines Problems ab;
- hat Schwierigkeiten, die richtige Entscheidung zu treffen;
- trifft Entscheidungen aufgrund von wiederholten Prüfungen und Praxis;
- klärt Probleme und vereinfacht Prozesse;
- wählt ein bedächtiges Tempo;
- formuliert sorgfältig und gibt genaue Erklärungen;
- umsorgt, hilft, zeigt Einfühlungsvermögen nur gegenüber engen Freunden;
- kann am ehesten als *Experimentierer* bezeichnet werden.

2. Mögliche Schwächen

- Ist übermäßig ernst und zurückhaltend;
- braucht zu lange für wichtige Entscheidungen;
- gibt mehr Informationen als notwendig.

3. Bewältigung von Aufgaben

- Aktuelle Informationen zu erhalten ist ihm/ihr wichtig;
- unterzieht jede Idee einer Nützlichkeitsprüfung;
- überprüft ursprüngliche Beurteilung mehrmals;
- umfassende Planung macht ihn/sie zuversichtlich;
- macht selten einen Fehlstart, verzögert selten und verschwendet keine Energie.

4. Grundtendenzen

- Praktische Ideen und Methoden entwickeln.

5. Motivation

- Möglichkeit, die persönlichen Bedürfnisse nach erkennbaren Leistungen, Alleinsein und Disziplin zu befriedigen;
- arbeitet gut, wenn er/sie überprüfen kann, wie nützlich eine Idee ist.

6. Persönliche Werte

- Kreativität;
- Präzisionsarbeit;
- Anerkennung;
- Stabilität.

7. Überzeugt andere

- Unsicherheit verringern und Versprechen erfüllen;
- andere mit Hilfe von beweiskräftigen Unterlagen überzeugen;
- mit Einwänden ruhig umgehen;
- kann andere von materiellen und immateriellen Dingen relativ gut überzeugen.

8. Umgang mit Konflikten

- Zusammenarbeit;
- analysieren, Probleme intellektuell zerlegen;
- impulsives Verhalten vermeiden;
- einige strittige Punkte für andere aufgeben.

9. Reaktion unter Druck

- Sorgfältige Vorbereitung;
- Lösungen entwickeln, die zusätzliche Probleme vermeiden können.

10. Als Teamleiter

- Erfindungsreiche Führungskraft;
- hilft dem Team, die Dinge in einem neuen Licht zu betrachten;
- ermuntert das Team, Neues auszuprobieren.

11. Als Teammitglied

- Verfolgt alle möglichen Wege, um Lösungen zu finden;
- strebt nach Qualität, auch wenn er/sie andere dadurch verletzt;
- ermutigt andere, Bewertungen abzugeben.

12. Bevorzugte Aufgaben/Funktionen

- Das, was andere entwickelt haben, einsetzen und darauf aufbauen;
- konstruieren, z. B. Modelle und das Endprodukt;
- erfinden, z. B. Begriffe, Formen, Prozesse, Produkte.

13. Strategien für mehr Effektivität

- Gefühle zeigen, insbesondere Optimismus;
- lächeln;
- lernen, mit möglicher Ablehnung umzugehen;
- mindestens eine vertrauensvolle Person als Sprecher aufbauen;
- andere ermutigen, Dinge infrage zu stellen und Feedback zu geben;
- aufgeschlossen sein;
- anderen eine zweite Chance geben;
- Meinungsverschiedenheiten ausdiskutieren, anstatt sich zurückzuziehen;
- mit anderen zusammenarbeiten, die verbindlicher sind (Verhaltenstendenz 3, 23, 234).

Fallbeispiel Verhaltenstendenz 41

Die Heizungsanlage im Gemeindehaus läuft nicht rund und verbraucht viel zu viel Energie. Niemand kann sich einen Reim auf den selbst in den Sommermonaten erhöhten Verbrauch machen. Hausverwalter E. hat eine Idee und verfolgt diese zielstrebig. Er will im Gottesdienstraum eine Zeit lang einen Temperaturschreiber aufstellen und damit überprüfen, wann sich die Heizung überhaupt einschaltet. Die anderen Mitglieder des Gemeindevorstands haben von so einem Gerät überhaupt noch nie gehört, sind jedoch ganz zufrieden, dass E. die Detektivarbeit übernehmen will.

Der Versuch gelingt: Nach einer Woche wertet E. die Temperaturaufzeichnungen aus und stellt fest, dass sich die Heizungsanlage jedes Mal einschaltet, wenn die Temperatur unter 18 Grad sinkt – selbst in einer Julinacht. Nachdem man der Ursache auf die Spur gekommen ist, kann Abhilfe geschaffen werden, indem man den computergesteuerten Regler anders einstellt und durch Abschließen des Heizungskellers dafür sorgt, dass tatsächlich nur er alleine die Einstellungen ändern kann. E. hat mit seinem Experiment der Gemeinde bares Geld gespart.

Zugegeben: Keiner kennt sich mit der Heizungsanlage so gut aus wie E., und seitdem er die Ursache für den hohen Energieverbrauch herausgefunden hat, bereitet die Technik auch keinerlei Probleme mehr.
Als die Anlage allerdings vor einigen Jahren angeschafft worden war, hatte sich E. als echter Hemmschuh erwiesen. Die anderen Mitglieder des Gemeindevorstands hatten sich dafür ausgesprochen, zwei oder drei Handwerker am Ort einen Kostenvoranschlag machen zu lassen und dann eine Entscheidung zu treffen. Nicht so E.: Wochenlang wälzte er Kataloge, informierte sich im Internet, verglich Preise und technische Daten. Weil er für die Hausverwaltung verantwortlich war, konnte man seine Meinung auch nicht übergehen. Offensichtlich vertraute er dem Urteil der ortsansässigen Heizungsbauer nicht so recht, und es dauerte einige Wochen, bis er selbst einen Entschluss gefasst hatte – der sich im Übrigen nicht von dem Vorschlag der drei Handwerker unterschied. Als er dann alle Fakten bewogen hatte, forderte er eine schnelle Entscheidung und zog die ganze Sache in einem flotten Tempo durch. Er forderte den ganzen Einsatz der Mitglieder, um die Sache schnell über die Bühne zu bringen.

Verhaltenstendenz 42/GI

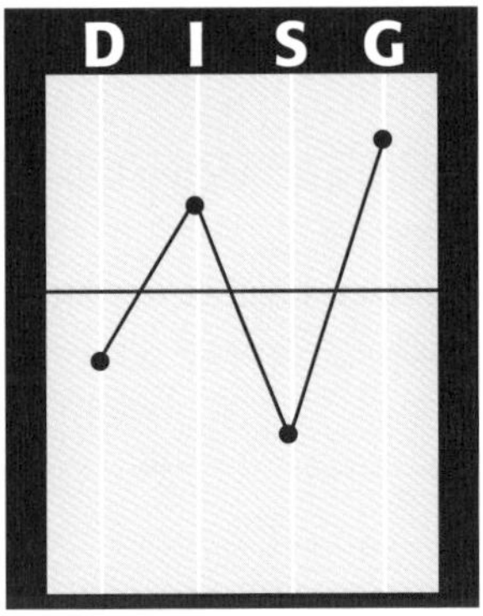

1. Verhaltenstendenz

- Ist freundlich, taktvoll und angenehm;
- zeigt akzeptiertes und berechenbares Verhalten;
- neigt dazu, mehr für sich als für andere im Konjunktiv zu sprechen;
- entwickelt analytische und systematische Ansätze;
- erwartet Belohnungen wie Gehaltserhöhungen und andere Vorteile, wenn er/sie das Richtige tut;
- kann das Ergebnis einer Ereigniskette vorhersagen;
- kann am ehesten als *Gutachter* bezeichnet werden.

2. Mögliche Schwächen

- Übt manchmal harsche Kritik;
- ist in fortgeschrittenen Planungsphasen anderen gegenüber oft ungeduldig;
- ist ängstlich/besorgt, wenn Entscheidungen gefällt werden müssen.

3. Bewältigung von Aufgaben

- Wägt die Wichtigkeit verschiedener Aufgaben ab;
- setzt Prioritäten;
- setzt sehr hohe Ziele;
- knüpft die richtigen Verbindungen;
- ist realistisch;
- erhöht das eigene Interesse durch Flexibilität und jongliert mehrere Projekte gleichzeitig.

4. Grundtendenzen

- Überprüfung und Testen von Ideen auf Realisierbarkeit.

5. Motivation

- Möglichkeit, die persönlichen Bedürfnisse nach besonderen Leistungen, Korrektheit und Wissen zu befriedigen;
- arbeitet gut, wenn etwas von Wert und Qualität geschaffen werden kann.

6. Persönliche Werte

- Wettbewerb;
- Aufklärung;
- Akzeptanz;
- ethischer/moralischer Kodex.

7. Überzeugt andere

- Geradlinige Kommunikation;
- veranschaulicht Fakten objektiv und mit etwas Humor gewürzt;
- berät und diskutiert über Kommentare;
- kann andere von materiellen Dingen sehr gut und von immateriellen Dingen relativ gut überzeugen.

8. Umgang mit Konflikten

- Kompromissbereit;
- ermutigt alle, konstruktiv zu sein;
- korrektes Verhalten;
- versucht, einen gemeinsamen Nenner zu finden.

9. Reaktion unter Druck

- Wird wettbewerbsorientiert;
- schützt die eigenen Interessen;
- ist stur und unfreundlich.

10. Als Teamleiter

- Fürsorgliche Führungskraft, die die Vorgehensweise des Teams bestätigt;
- besteht darauf, dass die Richtlinien streng befolgt werden.

11. Als Teammitglied

- Meldet sich freiwillig für Aufgaben, die mit der Perfektion einer Idee/eines Produktes zu tun haben;
- erhält Respekt und Bewunderung, weil er/sie in Stresssituationen ruhig bleibt;
- hält Verpflichtungen ein.

12. Bevorzugte Aufgaben/Funktionen

- Problemlösung, z. B. Hindernisse beseitigen, die die Produktivität einschränken;
- vergleichen, Unterschiede und Ähnlichkeiten feststellen, z. B. Angebote, Produkte.

13. Strategien für mehr Effektivität

- Bei der Bewertung anderer weniger schroff sein;
- Menschen nehmen, wie sie sind;
- ihnen erlauben, eigene Entscheidungen zu treffen;
- auf die Meinung anderer hören;
- Details, die zur Erfüllung einer Aufgabe gehören, konsequent verfolgen;
- realistische Fristen setzen;
- bei weniger bedeutenden Aspekten eines Problems Entschlossenheit zeigen;
- Einwände leicht überwinden;
- Schuldzuweisungen vermeiden;
- mit anderen zusammenarbeiten, die geduldiger und konsequenter sind (Verhaltenstendenzen 3, 4, 43).

Fallbeispiel Verhaltenstendenz 42

R. ist Projektleiterin für Gottesdienste einer kleinen Gemeinde, die es sich zum Ziel gesetzt hat, missionarisch zu arbeiten. Grundsätzlich ist mit diesem Ziel jeder einverstanden, nur weiß niemand genau, wie man denn darauf hinarbeiten soll. Doch R. präsentiert der Gemeinde begeistert einen Plan. Zunächst einmal schlägt sie ein überprüfbares Ergebnis vor: Innerhalb eines Jahres soll der durchschnittliche Gottesdienstbesuch um zwanzig Besucher steigen. R. macht sich darüber hinaus über den geeigneten Weg zu diesem Ziel Gedanken und legt dabei auch große Kreativität an den Tag. Sie präsentiert der Gemeinde verschiedene Projekte, die sie im Lauf des nächsten Jahres anstoßen will: Einen Gospelchor, ein Straßenfest mit Tag der Offenen Tür, einen Kurs, in dem Grundfragen des Glaubens angesprochen werden und noch einige ehrgeizige Projekte mehr. Einige Gemeindeglieder stöhnen innerlich bereits, denn natürlich ist ihre Mitarbeit gefordert. Tatsächlich aber blüht das Gemeindeleben auf, und von den neu gegründeten Gruppen fühlen sich auch einige Gemeindefremde angesprochen.

In mancher Hinsicht war die von R. gestartete Initiative also ein Erfolg. Das ursprüngliche Ziel, durchschnittlich zwanzig Besucher mehr im Gottesdienst zu begrüßen, wurde allerdings nicht erreicht. Niemand macht R. deswegen Vorwürfe. Möglicherweise hatte sie sich doch ein allzu ehrgeiziges Ziel gesteckt. Noch viel wichtiger ist der Gemeinde allerdings, dass sich in der Gemeindearbeit tatsächlich eine Wende zum Besseren abzeichnet. Dinge sind in Bewegung gekommen, und neue Menschen sind zur Gemeinde dazu gestoßen. Wenn das gewünschte Ergebnis nicht in einem Jahr erreicht werden konnte, dann vielleicht in zwei oder drei.

R. jedoch denkt nicht so. Sie sieht vor allem, dass das Ziel, das sie sich und der Gemeinde gesteckt hatte, nicht erreicht worden ist. Nun startet sie umfangreiche Analysen, warum das nur passieren konnte. Statt der Gemeinde Mut zu machen, verteilt sie beleidigt Schuldzuweisungen: Die Beteiligung der Gemeinde beim Straßenfest sei zu mager gewesen, der Gospelchor hätte sich nicht genug bemüht, Mitglieder von außerhalb der Gemeinde zu werben und die Gemeinde strahle im Allgemeinen zu wenig Begeisterung aus. Man hätte doch nur ihre Ideen und Vorschläge richtig umsetzen müssen. Die Gemeindemitglieder wehren sich innerlich gegen die Vorwürfe.

Verhaltenstendenz 43/GS

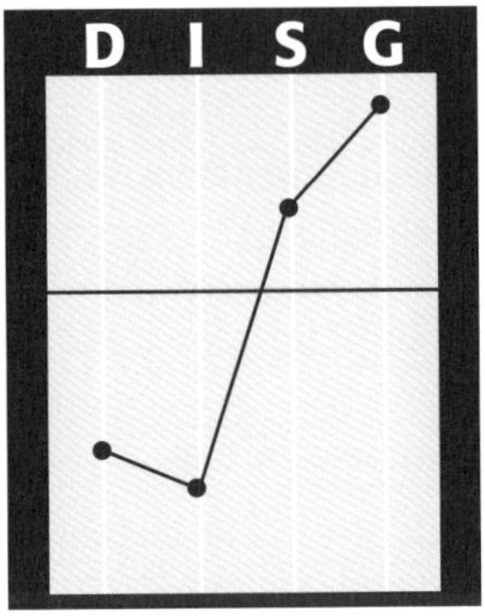

1. Verhaltenstendenz

- Glaubt, Probleme verhindern zu können;
- setzt Verteidigungsstrategien ein, um Schwierigkeiten zu vermeiden;
- hört sich alle Aspekte eines Themas an;
- ist rationell und vernünftig;
- hat ein starkes Bewusstsein für das, was richtig und falsch ist;
- versucht, andere zu Kompromissen zu bewegen;
- spricht überlegt;
- kümmert sich um Details;
- geht kalkulierbare Risiken ein, nachdem er/sie die Fakten gesammelt hat;
- kann am ehesten als *kritischer Denker* bezeichnet werden.

2. Mögliche Schwächen

- Ist manchmal übervorsichtig;
- interessiert sich mehr für Daten als für Menschen;
- verlässt sich auf etablierte Verfahren oder seine/ihre Vorgesetzten.

3. Bewältigung von Aufgaben

- Festigt Kommunikationskanäle und andere Ressourcen;
- stellt fest, ob bestehende Verfahren ausreichend sind;
- will die Qualität verbessern;
- entwickelt hohe Standards;
- besteht auf Strafen für andere, die schlechte Leistung bringen.

4. Grundtendenzen

- Aufgaben mit praktischen Fertigkeiten bewältigen.

5. Motivation

- Möglichkeit, die persönlichen Bedürfnisse nach Anwendung von Fachkenntnissen, Wissen und Ordnung zu befriedigen;
- arbeitet gut, wenn das Umfeld klar definiert und frei von Feindseligkeiten ist.

6. Persönliche Werte

- Wissen;
- Präzision;
- Stabilität;
- Anerkennung.

7. Überzeugt andere

- Freundlichkeit und Verantwortungsbewusstsein;
- nennt Pro und Contra einer Idee/eines Produktes;
- wählt gegenüber Mitarbeitern, die schlecht informiert sind, den richtigen Ton;
- kann andere von materiellen und immateriellen Dingen relativ gut überzeugen.

8. Umgang mit Konflikten

- Vermeidung;
- neigt zum Grübeln;
- lässt zu, dass sich negative Gefühle verbreiten und die Probleme verschleiern;
- versucht, Spannungen zu minimieren.

9. Reaktion unter Druck

- Lässt andere führen;
- zieht es vor, den Routineablauf fortzusetzen.

10. Als Teamleiter

- Traditionelle Führungskraft, die dem Bedürfnis des Teams nach Kontinuität entgegenkommt.

11. Als Teammitglied

- Führt zugewiesene Aufgaben aus;
- bespricht sich mit Fachleuten, wenn Zweifel über ein Verfahren oder System bestehen;
- bevorzugt Stabilität anstelle von ungehemmtem Fortschritt.

12. Bevorzugte Aufgaben/Funktionen

- Details viel Aufmerksamkeit schenken, z. B. eine Aufgabenstellung wortwörtlich befolgen;
- ausrechnen und berechnen, z. B. ein Budget aufstellen;
- untermauern oder dokumentieren, z. B. Beweise für etwas liefern.

13. Strategien für mehr Effektivität

- Wärme und Verständnis zeigen;
- Ansichten und Aufgaben in Worte fassen und klar ausdrücken;
- Toleranz für Konflikte entwickeln;
- auch bei Angriffen taktvoll und diplomatisch kommunizieren;
- Fragen stellen, um die Beteiligung anderer zu fördern;
- mit anderen zusammenarbeiten, die Menschen besser zusammenbringen können (Verhaltenstendenzen 2, 42, 234).

Fallbeispiel Verhaltenstendenz 43

Um das diesjährige Weihnachtsspiel bahnt sich ein Streit an. Die Jugendgruppe, die sich sonst gerne im Hintergrund hält, will unbedingt ein selbstgeschriebenes Krippenspiel zur Aufführung bringen – und natürlich ganz anders, als man es vom Kindergottesdienst kennt, vor allen Dingen der sozialrevolutionären Untertöne wegen. Dass sie damit die Gemeinde – und die vielen auswärtigen Besucher – schockieren werden, ist ihnen durchaus bewusst.

Jugendleiterin K. steckt nicht gerade in einer angenehmen Situation: Zum einen begrüßt sie es, dass die Jugendgruppe, die notorisch schwierig in das Leben der ganzen Gemeinde zu integrieren ist, einmal die Initiative ergreift. Andererseits ist dieses revolutionäre Stück, das bewusst auf Provokation angelegt ist, sicherlich nicht geeignet, um die Herzen der Gemeindemitglieder zu gewinnen. Sie selbst empfindet es auch eher als schockierend – hält sich aber zurück. Sie beschließt, sich mit den Jugendlichen zu treffen und ihre Argumente zu hören. Die sind überrascht, weil sie von vornherein mit einer brüsken Absage gerechnet hatten. Bei Tee und Keksen unterhält sich K. mit ihnen. Sie nimmt die Jugendlichen ernst, hört sie an und tut dann etwas, womit sie am allerwenigsten gerechnet hatten: Sie geht mit ihnen die Weihnachtsgeschichte genau durch und erklärt ihnen ihre Sicht der Dinge. Dass sie die Jugendlichen weder mit harschen Worten und ohne Argumente abweist noch sich bei ihnen anbiedert, beeindruckt diese ungeheuer.

Dass die Jugendgruppe vor diesem Erlebnis auf K. nicht allzu gut zu sprechen war, lag an einem Erlebnis, das sie ein Jahr vorher mit ihr gehabt hatten. Sie hatten eine Jugendevangelisation machen wollen und ihnen schwebte auch schon etwas sehr Bestimmtes vor, was die theologische Ausrichtung anging – eine Ausrichtung, die K. ganz und gar nicht passte. Auch dies war eine unangenehme Situation für K. gewesen. Einerseits war sie glücklich, dass sich in der Jugendgruppe so etwas wie ein eigenständiges geistliches Leben regte, andererseits hatte sie ihre theologischen Überzeugungen und sah ernsthafte Schwierigkeiten voraus, wenn die Jugendgruppe ihren Willen durchsetzen sollte. Doch sie wich einer offenen Auseinandersetzung aus. Stattdessen vergrub sie sich in das Kassenbuch und verkündete, dass man sich eine so teure Aktion ohnehin nicht leisten könne. So versandete das Thema schließlich, ohne dass man über das eigentliche Anliegen gesprochen hatte.

Verhaltenstendenz 123/DIS

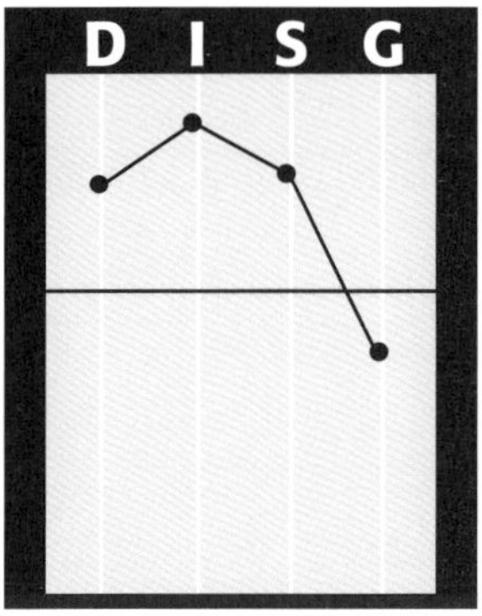

1. Verhaltenstendenz

- Kann mit unterschiedlichen Leuten gut kommunizieren;
- ist bereit, zuzuhören, Fragen zu stellen, zu verhandeln und Kompromisse einzugehen;
- wird von neuen Ideen, guter Laune und freundlich gesinnter Rivalität stimuliert;
- ist selbstbewusst;
- nutzt sowohl Gefühle als auch Fakten, um persönliche Überzeugungen zu untermauern;
- kann am ehesten als *Administrator* bezeichnet werden.

2. Mögliche Schwächen

- Trifft Entscheidungen nur zögerlich, wenn Meinungsverschiedenheiten wahrscheinlich sind;
- neigt bei neuen Projekten zu übermäßiger Selbstkritik;
- verfolgt Einfälle nicht immer mit dem gleichen Schwung.

3. Bewältigung von Aufgaben

- Will bei Arbeit und technischer Leistung die Nase vorn haben;
- formuliert sorgfältig geplante Programme und Abläufe;
- macht außergewöhnliche Teamproduktivität möglich;
- hält realistische Termine ein.

4. Grundtendenzen

- Bei der Entwicklung von Alternativen Außergewöhnliches leisten.

5. Motivation

- Möglichkeit, die persönlichen Bedürfnisse nach Leistung, Selbstbehauptung und Zugehörigkeit zu befriedigen;
- arbeitet gut, wenn er/sie gegen den Strom schwimmen und sich einen Vorteil verschaffen kann.

6. Persönliche Werte

- Menschen;
- Führung;
- Vielfalt;
- Wissen;
- Wettbewerbsorientiertheit.

7. Überzeugt andere

- Reagiert bei Konfrontationen überlegt;
- ist jeweils zum richtigen Zeitpunkt gesellig, charmant oder betroffen;
- geht Fragen nach;
- antwortet schnell;
- kann andere von materiellen und immateriellen Dingen sehr gut überzeugen.

8. Umgang mit Konflikten

- Zusammenarbeit;
- zeigt effektive Lösungen auf;
- hinterfragt die Motive von Andersdenkenden, die gute Absichten zu haben scheinen, versucht jedoch, trotz unterschiedlicher Meinungen einen Konsens zu erreichen.

9. Reaktion unter Druck

- Bewahrt feste Überzeugungen;
- ist stur und widerspenstig.

10. Als Teamleiter

- Anteilnehmende Führungskraft, die dem Team hilft, die Fähigkeiten und Talente jedes einzelnen Teammitglieds zu nutzen, wodurch Unzufriedenheit verringert wird.

11. Als Teammitglied

- Hält realistische Termine ein;
- ist sehr unabhängig;
- sucht Aufgaben, die einen breiten Überblick und Kenntnisse über den gesamten Vorgang erfordern.

12. Bevorzugte Aufgaben/Funktionen

- Menschen und Situationen rasch einschätzen können, sich z. B. aufgrund von wichtigen Details schnell ein Bild machen können;
- andere führen, z. B. eine Vision projizieren;
- Lob und Anerkennung teilen, z. B. Belohnungen aufteilen.

13. Strategien für mehr Effektivität

- Diskussionen in die Wege leiten, um zweideutige Situationen zu klären;
- lernen, diejenigen zu akzeptieren, die bei ihrer praktischen Arbeit traditioneller und konventioneller handeln;
- unvoreingenommen auf Fragen zur Leistung antworten;
- feststellen, wie Anstrengungen bewertet werden;
- mit anderen zusammenarbeiten, die Genauigkeit besser überprüfen können (Verhaltenstendenzen 14, 31, 41).

Fallbeispiel Verhaltenstendenz 123

Die neue Jugendreferentin A. kommt bei den Teenies unglaublich gut an. Sie sprüht vor Ideen. Seitdem sie da ist, gibt es keine langweiligen Gruppenstunden mehr. Und nicht nur das: Sie besitzt auch einen wirklichen Draht zu den Teenies. Sie sieht es ihnen förmlich an, wenn es ihnen nicht gut geht oder sie Probleme mit sich herumtragen. Und sie kommen mit ihren Sorgen zu ihr.

Neben dieser Stärke, persönliche Beziehungen zu pflegen, besitzt A. auch noch die Fähigkeit, die Jugendlichen für handwerkliche Projekte zu begeistern. So lädt sie in den Ferien zu einem Workshop ein, in dem Seifenkisten erst gebaut und dann in einem Rennen erprobt werden sollen. In der kleinen Stadt macht die Nachricht schnell die Runde und eine Reihe von Teenagern, die noch nie einen Fuß in die Gemeinde gesetzt haben, lernen nun die Teeniegruppe kennen.

Das Seifenkisten-Projekt hat verheißungsvoll angefangen, doch nach einem halben Jahr liegen irgendwo in einer Kellerecke vier halbfertige Seifenkisten. Das Projekt ist auf halber Strecke stecken geblieben. Die eine angesetzte Woche hat nicht gereicht, um die Seifenkisten fertig zu stellen. Ein paar Termine hat A. noch halbherzig angesetzt, doch irgendwie wird nichts daraus. Trotz alledem: Wenn der eigentliche Sinn des Projektes nicht darin bestanden hat, vier Seifenkisten fertig zu bekommen, sondern einige Jugendliche in eine sinnvolle Beschäftigung einzubinden und sie Gemeinschaft erleben zu lassen, kann das Projekt als gelungen gelten.

Doch einige Gemeindemitglieder können sich mit ihren zuweilen ungewöhnlichen Ideen in der Jugendarbeit nicht abfinden. Das Seifenkisten-Projekt stellt für sie nur einen weiteren Beweis dar, dass sie nicht zuverlässig arbeitet. A. beginnt an sich selbst zu zweifeln. Der Gegenwind, der ihr entgegenschlägt, macht sie misstrauisch. Selbstkritisch analysiert sie sich und zögert eine Aussprache hinaus, weil sie mit Meinungsverschiedenheiten rechnet.

Verhaltenstendenz 124/DIG

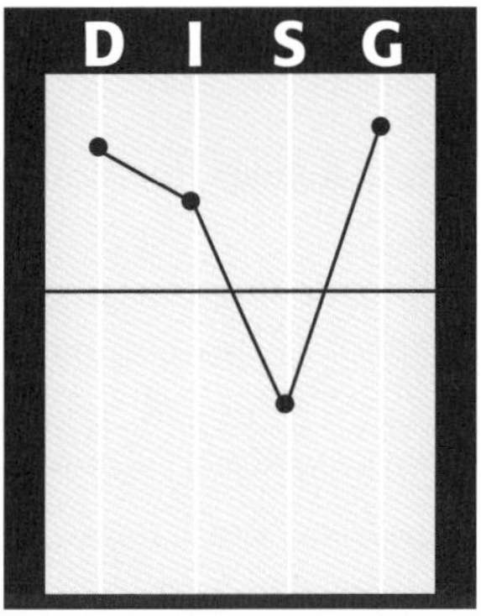

1. Verhaltenstendenz

- Erreicht eine positive Kehrtwende;
- ist fasziniert von neuen Verfahren und Methoden;
- prüft und selektiert die besten Ideen und baut sie in das bestehende System ein, um die Qualität zu verbessern;
- ist phantasievoll, eigensinnig und gewissenhaft;
- liefert praktische und messbare Methoden zur Arbeitsbewertung;
- kann am ehesten als *Vermittler* bezeichnet werden.

2. Mögliche Schwächen

- Verabscheut banale Pflichten und Routinearbeiten;
- hält den Terminplan nicht ein, wenn andere die Kleinarbeit nicht richtig machen;
- gibt langatmige Erklärungen ab, die manchmal als arrogant und gefühllos empfunden werden.

3. Bewältigung von Aufgaben

- Betrachtet die Aufgabe unvoreingenommen und sucht nach besseren Methoden;
- ist bereit, schlechte Systeme und Methoden zu ersetzen und neu anzufangen;
- sucht nach neuen Aufgaben;
- Praxis macht ihn/sie erfolgreich.

4. Grundtendenzen

- Unmittelbare Ergebnisse erzielen.

5. Motivation

- Möglichkeit, die persönlichen Bedürfnisse nach Können, Individualismus und Zugehörigkeit zu befriedigen;
- arbeitet gut, wenn er/sie verschiedene zielführende Wege ausarbeiten kann.

6. Persönliche Werte

- Herausforderung;
- Kreativität;
- Entscheidungsfindung;
- Vielfalt.

7. Überzeugt andere

- Nutzt gesammelte Informationen direkt und effektiv;
- bereitet den Zuhörer auf eine logische und nutzbringende Entscheidung vor;
- nutzt Humor und witzige Anekdoten, um den trockenen Fakten mehr Farbe und Würze zu verleihen;
- kann andere von materiellen und immateriellen Dingen sehr gut überzeugen.

8. Umgang mit Konflikten

- Kompromisse;
- kommt den anderen entgegen;
- gibt Teile seiner persönlichen Ziele für das große Ganze auf und überzeugt andere, das Gleiche zu tun.

9. Reaktion unter Druck

- Ist gelassen und zeigt Selbstvertrauen;
- bittet andere, bei Kleinarbeit zu helfen.

10. Als Teamleiter

- Vermittelnde Führungskraft, die dem Team hilft, gerechtfertigte Meinungsverschiedenheiten zu überbrücken;
- versucht, eine Sache aus verschiedenen Blickwinkeln zu betrachten.

11. Als Teammitglied

- Lernt neue Fertigkeiten;
- nimmt unterschiedliche Rollen im Team ein;
- hilft, Antiquiertes neu zu gestalten.

12. Bevorzugte Aufgaben/Funktionen

- Kreativität bei der Entwicklung neuer Symbole oder Bilder zeigen, z. B. neue Slogans, Melodien, Themen für Artikel, Newsletter erfinden;
- Erkenntnisse auf Menschen anwenden, z. B. ein motivierendes Umfeld schaffen;
- erfinden, z. B. Begriffe, Formen, Produkte erfinden.

13. Strategien für mehr Effektivität

- Auch mit Menschen, die ihre Verantwortung vernachlässigen, fair umgehen;
- besseres Zeitmanagement, um sicherzustellen, dass auch Kleinarbeit effizient gehandhabt wird;
- erfahrene Fachleute respektieren;
- verschiedene Menschen zusammenbringen;
- mit Menschen zusammenarbeiten, die Aufgaben besser konsequent durchziehen können (Verhaltenstendenz 31, 34, 41).

Fallbeispiel Verhaltenstendenz 124

Im Lauf des vergangenen Jahres ist die Gemeinde erheblich geschrumpft. Zum einen gehen viele junge Leute weg, um eine Ausbildung zu machen oder um zu studieren, und zum anderen gibt es eine Reihe von Leuten, die nicht mehr zum Gottesdienst oder zu den verschiedenen Gemeindegruppen kommt. Wenn es so weitergeht, ist die Gemeinde in absehbarer Zeit nicht mehr überlebensfähig. In der Gemeinde macht sich Mutlosigkeit breit.

Pastor V. will sich mit der Situation nicht zufrieden geben. Er formuliert eine Zielvorgabe: In zwei Jahren wollen wir achtzig Mitglieder haben. In zweierlei Hinsicht ist das ein mutiger Schritt: Einmal bedeutet es für die Gemeinde einen gewaltigen Schritt und zum anderen ist dieses Ziel für jeden nachprüfbar. Da gibt es nichts schönzureden, wenn es nicht klappen sollte.

Mit der Formulierung dieses Ziels ist noch keine Kehrtwende eingeleitet. Doch V. informiert sich auch über verschiedene Konzepte und Ideen, die weder er noch die Gemeinde jemals ausprobiert haben. Er ist von einigen Konzepten sehr fasziniert und schafft es, die Gemeinde zu überzeugen, in methodischer Hinsicht neue Wege zu gehen.

Kein Zweifel: V. weiß zu begeistern, besonders schätzen sie seine unvoreingenommene Art, an Dinge heranzugehen. Dabei überlässt er den Gemeindemitgliedern die Klein- und Routinearbeit, wie Liedblätter kopieren, Einladungszettel entwerfen oder Termine organisieren. Gewiss, viele dieser Routinearbeiten fallen nicht in sein Aufgabengebiet, aber man sagt V. hin und wieder schon nach, dass er sich wohl für zu gut hält, um sich mit Kleinkram abzugeben. Auch haben manche Gemeindemitglieder mit seinen Erklärungen Schwierigkeiten, er neigt zu Langatmigkeit und wirkt beim Erklären manchmal arrogant und gefühllos.

Verhaltenstendenz 134/DSG

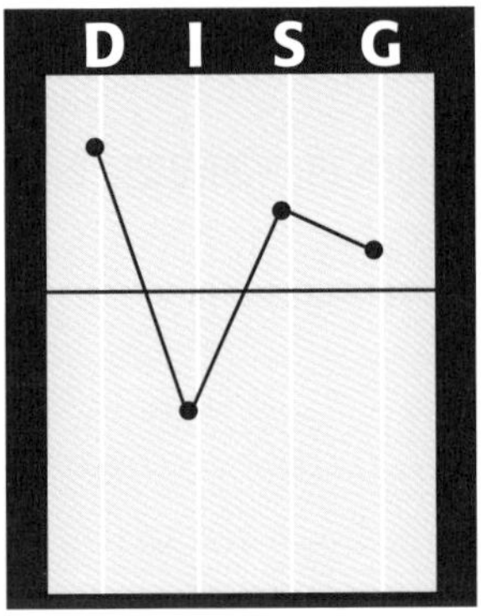

1. Verhaltenstendenz

- Bringt Glaubwürdigkeit in ungeordnete Situationen;
- hat Erfolg bei der Lösung komplexer Probleme;
- baut eine Datenbank auf und entwickelt daraus Prozesse;
- hält sich an Regeln und Vorschriften;
- übernimmt von anderen schwierige oder unangenehme Aufgaben;
- Smalltalk liegt ihm/ihr nicht, oft arbeitet er/sie alleine;
- kann am ehesten als *Designer* bezeichnet werden.

2. Mögliche Schwächen

- Neigt dazu, die eigene Zeit als wertvoller zu betrachten als die Zeit anderer;
- schweigt beharrlich, wenn andere die Erwartungen nicht erfüllen.

3. Bewältigung von Aufgaben

- Sucht Aufgaben, die die eigene Begeisterung wecken, findet z. B. neue Lösungen und Konzepte, wie das Zusammenleben besser funktioniert;
- setzt Theorien in die Praxis um;
- verallgemeinert nicht, sondern denkt im Speziellen;
- geht bei neuen Projekten rasch vor.

4. Grundtendenzen

- Kombination von Analyse und Intuition.

5. Motivation

- Möglichkeit, die persönlichen Bedürfnisse nach Individualität, Erfüllung und Wissen zu befriedigen;
- arbeitet gut, wenn er/sie für ungewöhnliche Leistungen belohnt wird.

6. Persönliche Werte

- Herausforderungen;
- ethischer/moralischer Kodex;
- Kreativität;
- genaues Arbeiten.

7. Überzeugt andere

- Einsatz von Fachwissen;
- Aufzeigen eines klaren Ziels;
- Fragen vorhersehen und sie bereits im Vorfeld beantworten;
- Einwände oft abwenden;
- kann andere von materiellen Dingen sehr gut und von immateriellen Dingen schlecht überzeugen.

8. Umgang mit Konflikten

- Konfrontation;
- versucht Opposition nicht nur zu überwinden, um andere zu dominieren, sondern um die Überlegenheit der eigenen Anstrengungen zu zeigen.

9. Reaktion unter Druck

- Überlegt und untersucht, bevor er/sie direkte Maßnahmen trifft;
- ist bereit, komplexe Probleme anzugehen.

10. Als Teamleiter

- Tatsachenorientierte Führungskraft, die dem Team solide Informationen und eine rationale Basis zum Handeln liefert.

11. Als Teammitglied

- Will wissen, wie Dinge funktionieren und zusammenpassen;
- sucht nach dem Wesentlichen unter der Oberfläche;
- klärt Zweideutigkeiten;
- ordnet Daten.

12. Bevorzugte Aufgaben/Funktionen

- Analysieren;
- klassifizieren, z. B. Teile zusammenfügen;
- testen, durchleuchten, z. B. die besten Methoden finden;
- anwenden, forschen, u. a. andere über neues Wissen und neue Verfahren informieren und sie ausbilden.

13. Strategien für mehr Effektivität

- Taktvoll kommunizieren;
- mehr Geduld für routinemäßige Kleinarbeit aufbringen, sobald ein Projekt auf den Weg gebracht ist;
- die Einfälle und Erfahrungen anderer berücksichtigen;
- die Anstrengungen anderer anerkennen;
- mit dem eigenen Überlegenheitsgefühl umgehen;
- mit anderen zusammenarbeiten, die besser kommunizieren und direktere Methoden entwickeln können (Verhaltenstendenz 13, 24, 42).

Fallbeispiel Verhaltens-tendenz 134

Das alte Gemeindehaus fällt fast zusammen und außerdem wird es langsam zu klein. Wie gut, dass die Gemeinde in ihren Reihen eine Architektin hat, die sich bereit erklärt, das neue Gemeindehaus zu entwerfen und dann auch die Bauleitung zu übernehmen.

Besser hätte es nicht kommen können. Denn die Architektin M. kennt die Bedürfnisse der Gemeinde genau und weiß auch, mit welchem Finanzvolumen sie rechnen kann. Bereits im Vorfeld klärt sie Fragen, die in der Gemeindeversammlung mit Sicherheit kommen werden. Auch M. kommt diese Aufgabe entgegen. Sie genießt das neue Prestige und ist selbst von dieser Aufgabe begeistert. Aber diese kleine Eitelkeit verzeiht man ihr gerne. Als der Neubau steht, ist schließlich die ganze Gemeinde stolz auf ihr neues Zuhause.

Der Entwurf von M. gefiel allen Gemeindemitgliedern grundsätzlich gut. Doch wenn es um das eigene Gemeindehaus geht, halten sich alle für Fachleute und so kamen einige kritische Nachfragen und Verbesserungsvorschläge – manche davon durchaus berechtigt. Einige merkten beispielsweise an, dass ein zusätzlicher Gruppenraum die Gemeindearbeit sehr erleichtern würde. Doch M. wiegelte die Einwände ab. Schließlich sei sie eine Fachfrau, eine Änderung der Raumaufteilung würde den Gesamteindruck völlig zerstören und überhaupt verdürben zu viele Köche den Brei.

Bei vielen Gemeindemitgliedern setzte sich der Eindruck fest, M. versuche Gegenargumente nicht nur rational zu entkräften, sondern sich um jeden Preis durchzusetzen – und an dieser Einschätzung war durchaus etwas Wahres dran.

Verhaltenstendenz 234/ISG

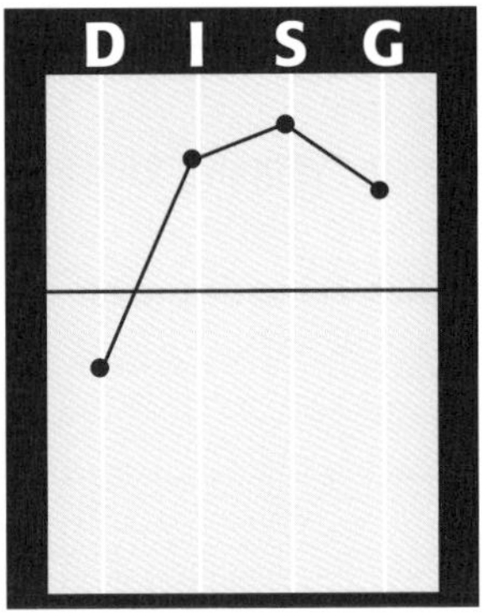

1. Verhaltenstendenz

- Baut harmonische Beziehungen auf;
- betrachtet Traditionen und Rituale als nützlich für die Festigung von Beziehungen;
- unterstützt andere bei Planung und Organisation;
- ist sachkundig und freundlich;
- analysiert Probleme und deckt Ungereimtheiten auf;
- formuliert wertend, wenn er/sie enttäuscht oder verstimmt ist;
- legt viel Wert auf Kenntnisse in Fachgebieten;
- kann am ehesten als *Praktiker* bezeichnet werden.

2. Mögliche Schwächen

- Widersetzt sich nicht gerne starken Persönlichkeiten;
- delegiert wichtige Aufgaben nur zögerlich an andere;
- neigt dazu, enge Freunde zu schützen.

3. Bewältigung von Aufgaben

- Übernimmt Verantwortungsbereiche, die andere zu belasten scheinen;
- freut sich, aufgrund von Kenntnissen und Fertigkeiten ausgewählt zu werden;
- wendet geordnete Verfahren an, um die Arbeit zu systematisieren;
- stellt Aufgaben termingerecht fertig.

4. Grundtendenzen

- Eine Atmosphäre der Zusammenarbeit schaffen.

5. Motivation

- Möglichkeit, die persönlichen Bedürfnisse nach Erfüllung, Zugehörigkeit und Vertrauen zu befriedigen;
- arbeitet gut, wenn er/sie ehrlich und freundlich behandelt wird.

6. Persönliche Werte

- Wissen;
- Stabilität;
- Anerkennung;
- Pflichterfüllung.

7. Überzeugt andere

- Schafft eine Atmosphäre des Wohlwollens;
- arbeitet an dauerhaften Beziehungen;
- stellt fest, welche Interessen die Zuhörer haben und bereitet Einleitungen zur Konversation vor;
- schmeichelt spontan; kann andere von materiellen und immateriellen Dingen relativ gut überzeugen.

8. Umgang mit Konflikten

- Kompromissbereitschaft;
- ermutigt die Parteien, sowohl negative als auch positive Gefühle zu äußern;
- arbeitet am Aufbau von Vertrauen; schlägt den Mittelweg vor.

9. Reaktion unter Druck

- Macht sich übermäßige Sorgen über die Zukunft;
- ist offen für Alternativen.

10. Als Teamleiter

- Arbeitsame Führungskraft, die dem Team ein Vorbild für zielorientiertes und qualitätsbewusstes Engagement ist;
- eignet sich in bestimmten Bereichen Fachkenntnisse an.

11. Als Teammitglied

- Entwickelt einen bequemen, aber produktiven Arbeitsablauf für sich selbst und andere;
- vermeidet Missgeschicke und teure Fehler durch eine gemäßigte Vorgehensweise.

12. Bevorzugte Aufgaben/Funktionen

- Organisieren, z. B. Maßnahmen planen;
- die Wünsche anderer genau erkennen, z. B. den Bedarf an Büroausstattung feststellen;
- mit Sprache umgehen;
- lehren;
- ausbilden, z. B. kleine Gruppen anleiten.

13. Strategien für mehr Effektivität

- Andere wenn nötig direkt konfrontieren;
- anerkennen, dass man sich auf andere verlassen muss, die technische und fachliche Details liefern;
- Kontakte außerhalb des Freundeskreises suchen;
- anderen negative Gefühle mitteilen;
- mit anderen zusammenarbeiten, die ihre Unzufriedenheit offener ausdrücken können (Verhaltenstendenz 1, 12, 124).

Fallbeispiel Verhaltenstendenz 234

U. begleitet in seiner Gemeinde den Gesang am Klavier – eine ehrenamtliche Tätigkeit, die für ihn wie geschaffen ist. Es gibt zwar in der Gemeinde noch den einen oder andern, der auch Klavier spielt und gelegentlich den Dienst übernimmt, doch den meisten von ihnen ist diese Aufgabe eher lästig. Außerdem kommen hin und wieder Gemeindemitglieder auf U. zu und sagen ihm, dass sie ihn doch am liebsten hören. Solch ein Lob tut U. gut. Er bildet sich nicht allzu viel darauf ein, aber diese netten Worte tragen viel dazu bei, dass er sich in seiner Gemeinde zu Hause fühlt. Dass er praktisch jeden Sonntag da sein muss, macht ihm nichts aus.

U. kommt mit den meisten Leuten in seiner Gemeinde gut zurecht. Mit einigen Gemeindemitgliedern hat er allerdings so seine Probleme, und zwar ausgerechnet dann, wenn es um Musik geht. Hin und wieder kommen Gemeindemitglieder auf ihn zu und möchten neue Lieder singen. Grundsätzlich hat er da ja nichts dagegen, aber die alten traditionellen Lieder sollten nicht vergessen werden. Manche der neuen Lieder, so seine Meinung sind höchstenfalls unterer Durchschnitt, was die Musikalität anbelangt. Vor kurzen hat sich ein Freund von Herrn U. mit einem anderen Gemeindemitglied wegen eines Liedes gestritten. Da war es für U. selbstverständlich sich auf die Seite des Freundes zu schlagen und Beistand zu leisten. Dies löste bei anderen Mitgliedern erhebliche Irritationen aus, sie konnten die Einmischung nicht verstehen.

Wichtiger Hinweis!

Mit diesem Buch sind Sie eine elegante Abkürzung gegangen. Ein paar Stunden nur haben Sie gebraucht, um dieses Buch durchzulesen.
Sie haben Ihre Verhaltenstendenzen herausgearbeitet. Sie können die Menschen, mit denen Sie in der Gemeinde zu tun haben, jetzt besser einschätzen und auf ihre Bedürfnisse eingehen.
Vielleicht ist Ihnen dabei der Einfall gekommen, über dieses Thema ein Gemeindeseminar oder ähnliches zu veranstalten.

Aber Vorsicht! Mit Menschen zu arbeiten berührt sensible Bereiche. So etwas gehört in professionelle Hände. Seminarmaterialien sind deshalb nur für das persolog® Persönlichkeits-Modell zertifizierten Trainern zugänglich. Wenn Sie ein Seminar planen, erhalten Sie zuverlässige Informationen aus erster Hand bei
www.persolog.com

Und wie geht es weiter?
Das Spektrum der Anwendungen

Wenn Sie Ihr persolog® Persönlichkeits-Profil ausgewertet haben, werden Sie vermutlich die Welt fortan mit anderen Augen sehen.

Beispiel

Wenn Sie nachhaltige Veränderungen herbeiführen möchten, ist das Durcharbeiten dieses Buches mit seinen Hinweisen, Fragen und Aktionsplänen ein geeigneter Einstieg. Bei vielen Lesern, die erste Erfahrungen mit dem persolog® Persönlichkeits-Profil gemacht haben, entsteht der Wunsch, ihre Erkenntnisse zu vertiefen. Basierend auf dem persolog® Persönlichkeits-Modell wurden daher zahlreiche Veranstaltungsangebote und Materialien für Einzelpersonen und ganze Organisationen entwickelt. Diese können Sie dabei unterstützen, noch mehr Nutzen aus dem persolog® Persönlichkeits-Modell zu ziehen.

Trainings und Seminare auf Basis des Modells

Weitere Angebote

persolog® Persönlichkeits-Profil

Das Buch, das Sie gerade lesen, wird Sie dabei unterstützen, sich selbst besser kennen zu lernen. Deshalb sind der Fragebogen und die Interpretationsstufen so angelegt, dass Sie das persolog® Persönlichkeits-Profil ohne fremde Hilfe erstellen und auswerten können.

Es ist aber auch möglich, das persolog® Persönlichkeits-Profil unter professioneller Anleitung auszufüllen und zu interpretieren. Zertifizierte Trainer bieten im gesamten deutschsprachigen Raum Seminare mit unterschiedlichen Schwerpunkten an. Diese Seminare finden sowohl öffentlich statt als auch in Form von Inhouse-Veranstaltungen.

Übungen zur praktischen Anwendung

Mit Unterstützung des Trainers erstellen die Teilnehmer ihr individuelles persolog® Persönlichkeits-Profil und gewinnen ein vertieftes Wissen über ihren Verhaltensstil in konkreten Situationen. In Übungen wird dieses Wissen auf den Alltag angewendet. Damit das persolog® Persönlichkeits-Profil präzise Ergebnisse liefert, sollte es jeder Teilnehmer in seiner Muttersprache erstellen. Nur dann sind alle Nuancen erfassbar. Die Unterlagen sind derzeit beim Trainer in Englisch, Französisch, Italienisch, Dänisch sowie in weiteren Sprachen verfügbar.

Führen mit Persönlichkeit

Führungskräfte können sich auf Grundlage des persolog® Persönlichkeits-Modell von zertifizierten Trainern, die sich speziell dazu qualifiziert haben, beraten und trainieren lassen. Innerhalb dieses Trainings lernen Führungskräfte, wie sie das Leistungspotenzial ihrer Mitarbeiter erkennen und verbessern können. Sie trainieren, durch bessere Anpassungsfähigkeit den verschiedenen Führungsanforderungen erfolgreich zu begegnen. Sie werden so zum Coach und Potenzialentwickler ihrer Mitarbeiter.

Teamtraining mit dem persolog® Persönlichkeits-Modell

Ausgehend vom persolog® Persönlichkeits-Modell lernen die Teilnehmer, durch gegenseitige Ergänzung ihre Zusammenarbeit zu optimieren und Reibungsverluste durch konstruktive Rückmeldung zu minimieren. Das Training kann sowohl beim Bilden neuer als auch bei der Entwicklung bestehender Teams eingesetzt werden.

Verkaufen mit Persönlichkeit

Verkaufs- und Kaufstile erkennen

Ziel des Verkaufstrainings ist es, die Kenntnisse des persolog® Persönlichkeits-Modells für den Verkauf anzuwenden. Die Teilnehmer erfahren mehr über ihren *Verkaufsstil* als Verkäufer und über die Wirkung von Verkäuferstilen auf den Kunden. Sie erkennen und reflektieren den *Kaufstil* von Kunden und erlernen, wie sie sich auf die spezifischen Kundenbedürfnisse einstellen können. Verkäufer und Berater im Innen- und Außendienst, Key Accounter und Vertriebsleiter lernen, Verkaufsprozesse mit dem persolog® Persönlichkeits-Modell systematisch zu gestalten und gezielt zu unterstützen. Das Seminar bietet entscheidende Hilfen, um gute Voraussetzungen für Win-Win-Situationen zu schaffen.

Spezielle Instrumente zur Vertiefung

Basierend auf dem persolog® Persönlichkeits-Modell sind zahlreiche Produkte verfügbar. Neben den allgemeinen Unterlagen, die für vielfältige Interessen eingesetzt werden können, gibt es auch zielgruppenspezifische Instrumente, um die Inhalte des Modells zu vertiefen.

persolog® Stellen-Profil

Mitarbeiterentwicklung und Karriereplanung

Das persolog® Stellen-Profil definiert in der Sprache des persolog® Persönlichkeits-Profils die Verhaltensanforderungen an eine bestimmte Arbeitsstelle. Die Ergebnisse bilden die Grundlage der Mitarbeiterentwicklung oder Karriereplanung. Sowohl Führungskräfte als auch Mitarbeiter selbst erhalten objektive Informationen über die Erwartungen an das Verhalten und noch zu füllende Leistungslücken. Dies führt zu einer effektiveren Aufgabenerledigung und zu reduzierten Reibungsverlusten. Das persolog® Stellen-Profil können Sie auch bei der Mitarbeiterauswahl einsetzen. Dieses Instrument ist nur über zertifizierte Trainer erhältlich.

Strategieplaner für Verkauf und Service

Der Strategieplaner für Verkauf und Service ist eine Arbeitshilfe für Kundengespräche sowie für Servicetechniker im Innen- und Außendienst. Dieses Instrument unterstützt den Anwender beim Einschätzen der Kundenpersönlichkeit, beim Erarbeiten einer differenzierten Verkaufsstrategie und beim Planen des Verkaufsgespräches. Es ermöglicht zudem eine individuelle Auswertung der Begegnungen. Der Strategieplaner für Verkauf und Service ist auch für Endkunden erhältlich.

Strategieplaner für Telefongespräche

Gesprächspartner einschätzen

Dieses Instrument der Persönlichkeits-Modell Familie ist eine Arbeitshilfe für Mitarbeiter, die häufig telefonieren – ob im Service, als Hotlinebetreuer oder als Callcenter Agents. Der Strategieplaner für Telefongespräche unterstützt den Anwender beim Einschätzen des Gesprächspartners und beim Wahrnehmen wesentlicher Verhaltensmerkmale. Darauf aufbauend liefert das Instrument Hinweise für eine effektivere Kommunikation mit diesem Gesprächspartner. Der Strategieplaner für Telefongespräche ist auch für Endkunden erhältlich.

Strategieplaner für Zeit und Persönlichkeit

Aufschieberitis und Delegation

Dieses Instrument zeigt neue Wege auf, wie bewährte Methoden und Konzepte des Zeitmanagements verhaltensbezogen eingesetzt werden können. Die Themen Zielplanung, Umgang mit Aufschieberitis und Delegation werden mit Hilfe des Modells in individuell nachvollziehbaren Schritten umgesetzt. Der Strategieplaner für Zeit und Persönlichkeit ist auch für Endkunden erhältlich.

Strategieplaner für Mitarbeitergespräche

Verhalten der Mitarbeiter erkennen

Als Instrument der Personalentwicklung dient der Strategieplaner für Mitarbeitergespräche. Er hilft Führungskräften, das Verhalten der Mitarbeiter zu erkennen und deren Engagement und Fähigkeit zu bewerten. Die Arbeitshilfe unterstützt dabei, passende Strategien zur Leistungssteigerung zu identifizieren und den Management- und Verhaltensstil entsprechend abzustimmen. Der Strategieplaner für Mitarbeitergespräche ist auch für Endkunden erhältlich.

Die hier skizzierte Übersicht stellt nur einen Teil der Produktfamilie dar. Weitere Informationen erhalten Sie bei zertifizierten Trainern sowie bei www.persolog.com

Tipp zum Weiterlesen

Handbuch Kompetenzmessung

John Erpenbeck und Lutz von Rosenstiel (Hg.): *Handbuch Kompetenzmessung. Erkennen, verstehen und bewerten von Kompetenzen in der betrieblichen, pädagogischen und psychologischen Praxis.* Stuttgart: Schäffer-Poeschel, 2003.

Nach einer fundierten Definition des Kompetenzbegriffs und Systematisierung von Kompetenzen stellt das Buch unter anderem das persolog® Persönlichkeits-Profil als Kompetenzmessverfahren vor. Dabei werden Aspekte berücksichtigt wie die theoretischen Grundlagen, die methodologische Einordnung, die Einschätzung der Gütekriterien, die Fehler- und Problemkritik der verwendeten Methoden und der Ablauf des Messprozesses.

Das neue 1x1 der Persönlichkeit

Lothar J. Seiwert und Friedbert Gay: *Das neue 1x1 der Persönlichkeit. Sich selbst und andere besser verstehen mit dem persolog® Persönlichkeits-Modell.* München: Gräfe und Unzer Verlag, 2004.

Auf der Basis des Modells leiten die Autoren viele praktische Tipps zu Zeitmanagement, Teamarbeit, Partnerschaft und Kindererziehung ab. Das Buch zeigt auf, welche Anwendungen des Persönlichkeits-Modells in Beruf und Privatleben möglich sind. Selbst-Tests, Übungen und Checklisten erleichtern das Umsetzen der gewonnenen Erkenntnisse.

Stichwortverzeichnis

Notizen

„Persönlichkeiten,
nicht Prinzipien,
bringen die Zeit
in Bewegung."